2020年江苏省"双创博士"项目资助成果

制度逻辑、战略变革与
家族企业绩效关系研究

Study of the Relationship between Institutional
Logic,Strategic Change and Family Business
Performance

赵 娜／著

经济管理出版社
ECONOMY & MANAGEMENT PUBLISHING HOUSE

图书在版编目（CIP）数据

制度逻辑、战略变革与家族企业绩效关系研究/赵娜著.—北京：经济管理出版社，2021.6

ISBN 978 - 7 - 5096 - 7997 - 5

Ⅰ.①制…　Ⅱ.①赵…　Ⅲ.①企业制度—关系—家族—私营企业—企业绩效—研究—中国　Ⅳ.①F279.245

中国版本图书馆 CIP 数据核字（2021）第 094150 号

组稿编辑：郭丽娟
责任编辑：王　洋
责任印制：黄章平
责任校对：陈　颖

出版发行：经济管理出版社
　　　　　（北京市海淀区北蜂窝 8 号中雅大厦 A 座 11 层　100038）
网　　　址：www.E-mp.com.cn
电　　　话：（010）51915602
印　　　刷：唐山玺诚印务有限公司
经　　　销：新华书店
开　　　本：720mm×1000mm/16
印　　　张：12.25
字　　　数：213 千字
版　　　次：2021 年 11 月第 1 版　　2021 年 11 月第 1 次印刷
书　　　号：ISBN 978 - 7 - 5096 - 7997 - 5
定　　　价：78.00 元

前　言

随着中国经济发展进入产业格局调整期，转型升级仍是现阶段经济环境的重要特征，政府主导制度逻辑和市场主导制度逻辑并存，给家族企业带来多元化的制度压力，使环境动态性和不确定性程度加深，家族企业唯有加快转型升级积极适应环境变化，找到高绩效发展的路径，才能真正摆脱成长的瓶颈。战略变革是协调企业内外部资源以有效适应环境变化的重要手段之一，其目的在于构建和维持企业竞争优势，企业积极主动地进行战略变革才能持续创造价值。因此，面对复杂的制度环境，家族企业作为民营经济的重要组成部分，如何以及在多大程度上实施战略变革以维持高绩效成长仍是一大难题，所以探究家族企业的多元制度逻辑、战略变革行为与企业绩效的关系具有重要的研究意义。

学术界和企业界普遍认为制度环境与企业战略行为的关系愈加密切，家族企业也不例外。但目前对于多元制度逻辑如何影响家族企业绩效的研究甚少；战略变革理论认为异质性战略行为导致的企业绩效差异性也逐步显现，但是多元制度逻辑下，何种战略变革行为能够带来高绩效，成为摆在战略学者面前的一个难题。综观战略管理理论的发展，大部分学者忽略了社会背景的影响，特别是社会建构的规制和价值观对组织的约束，虽然少数学者关注到了制度逻辑性质对战略变革的影响，认为多元制度逻辑冲突是变革发生的重要原因（Thornton，2002），但尚未对其进行细化研究。转型经济背景下的中国家族企业同时受政府逻辑、市场逻辑和家族逻辑的影响，多元制度逻辑的存在会导致战略变革的方向和程度出现何种特征？何种战略变革行为能够给家族企业带来何种绩效？亟待通过深入研究揭开多元制度逻辑下家族企业战略变革行为影响企业绩效的"黑箱"。同时，面对相似的制度环境战略变革行为却出现差异，也导致了不同的绩效结果，高阶理论认为企业高管是一个企业的战略核心，所以多元制度逻辑下 CEO 特征如何影响战略变革行为的研究尚待深入。近三十多年来，学者对于企业绩效的研究共识是企业类型、所处行业、企业家特质以及企业战略对绩效的影响其实并非独立，而是相互依存、相互影响（Greck-hamer et al.，2008），所以不能简单地认为某个行业、某种类型的企业或者某种战略结构对企业绩效的影响是正相关还是负相关，这种侧重"净效应"的研究结论有失偏颇，所以应考虑影响家族企业绩效因素的组合效应。

因此，围绕以上研究缺口，本书创新性地从多元制度逻辑视角来解读家族企业战略变革行为的驱动因素，并着重考察不同战略变革行为对企业绩效的异质性影响。具体而言，本书开展了两个具有互补关系的研究：一是通过回归分析方法回答三个问题：①不同制度逻辑与家族企业的绩效呈现何种关系；②不同的战略变革行为在制度逻辑和家族企业绩效间发挥何种作用；③CEO 特征和组织冗余在制度逻辑影响战略变革时发挥何种作用。二是根据构型理论，借助模糊集定性比较分析（fsQCA）的技术方法，探讨多元制度逻辑、战略变革、CEO 特征和组织冗余等变量如何组合才能引致家族企业的高绩效或导致非高绩效，总结影响家族企业绩效的组合路径。

本书采用实证研究方法，通过对国内外文献梳理，结合制度理论等理论启示，构建研究模型和研究设计，利用回归分析方法进行数据分析和假设检验，为弥补回归分析的"净效应"缺陷，本书又采用模糊集定性比较分析方法进行多个前因变量的组合效应检验。两种方法的有效整合为研究制度逻辑、战略变革和家族企业绩效之间的关系提供更加完善的分析过程，提高了理论的描述力、预测力和解释力，也希望本书的结论对当今中国家族企业的转型实践和持续成长有所帮助。

本书遵循的结构是：①确认研究问题；②国内外文献综述；③相关理论基础；④变量测量与模型构建；⑤研究假设与实证分析；⑥基于 fsQCA 方法的组合效应检验；⑦研究结论与展望。全书共分为七章，第一至第三章为研究思路与理论基础部分，阐述了制度理论、战略变革理论、高阶理论和构型理论的发展成果及启示；第四至第六章为实证研究主体部分，分别应用统计回归分析和模糊集定性比较分析方法对中国上市家族制造业企业的数据进行实证分析；第七章为总结部分，阐释结论及未来的研究方向。

本书以 2013～2018 年在沪深交易所连续经营的 A 股家族制造业企业为研究对象，最终获取了 762 个观测值。回归分析的结果表明：①制度逻辑与家族企业绩效之间存在显著相关关系，具体来讲，市场逻辑越强、政府逻辑越弱、家族逻辑越强，家族企业绩效越好。②制度逻辑与家族企业战略变革的持续性之间存在显著相关关系，具体来讲，市场逻辑越强、政府逻辑越弱、家族逻辑越强，家族企业战略变革的持续性越强；家族企业战略变革的持续性越强，绩效越好，战略变革—持续性在制度逻辑与家族企业绩效之间存在中介效应。③三种制度逻辑中仅家族逻辑与战略变革的趋同性呈显著正相关，战略变革的趋同性对家族企业绩效无显著影响，战略变革的趋同性在制度逻辑与家族企业绩效之间不存在中介效应。因此，制度逻辑对家族企业绩效的影响是通过战略变革的持续性而非战略变革的趋同性来发挥作用的。④CEO开放性会削弱政府逻辑对战略变革—持续性的负向影响，削弱市场逻辑对战略变革—趋同性的正向影响；CEO持股量在制度逻辑与战略变革—趋同性之间的调节作用不显著；CEO自主权仅在家族逻辑与战略变革—趋同性之间起正向调节作用。⑤组织冗余仅在政府逻辑与战略变革—趋同性之间的调节效应不显著。通过模糊集定性比较分析的组合效应检验，简要概括结论如下：①政府逻辑与战略变革—持续性同步影响家族企业绩效，战略变革—持续性与组织冗余同步影响家族企业绩效。也就是说，政府逻辑较强的场域，家族企业应保持较高的组织冗余水平，并且保持战略变革的持续性，慎重对待战略变革行为，此时较高的战略持续性对引致高绩效更为有利。②市场逻辑与战略变革—持续性反向影响家族企业绩效，与战略变革—趋同性同向影响家族企业绩效。也就是说，在市场逻辑较强的场域，家族企业为应对较强的市场规制和规范，以高战略趋同性来维持合法性，并且为了应对竞争激烈的动态环境，应持续进行战略变革。③家族逻辑与战略变革—趋同性同向影响家族企业绩效，与战略变革—持续性反向影响家族企业绩效，而且强家族逻辑下，必须保持较高的合法性才能提高投资者信心，进而提高绩效水平。④高水平的组织冗余易导致非高绩效。

　　总之，政府逻辑较强的场域，家族企业应慎重发起战略变革行为，并且保持战略变革的持续性和合理水平的组织冗余资源更为有利；市场逻辑较强的场域，家族企业为应对市场规制和规范，以高战略趋同性来维持合法性，并且为了应对激烈竞争的动态环境，应持续进行战略变革；强家族逻辑要求家族企业必须保持较高的合法性才能提高投资者信心，稳步推进战略变革行为，进而提高绩效水平。也就是说，战略变革只有以合法性为前提，发生在要素市场发育较好的地区，或具有较强的家族逻辑驱动和完善的治理结构，才能给家族企业带来高绩效，否则，保持战略稳定是更好的选择。

　　本书聚焦中国转型经济背景下多元制度逻辑、战略变革与家族企业绩效之间的关系，创新点如下：①深化制度逻辑理论的相关问题，将中国转型经济背景下家族企业面临的多元制度逻辑划分为政府逻辑、市场逻辑和家族逻辑，并分别探讨不同逻辑与战略变革和企业绩效的关系，得出制度逻辑影响企业绩效的传导机制，丰富了制度逻辑理论且符合家族企业面临的现实情境，实现理论创新；②将制度逻辑理论引入家族企业战略研究领域，探寻家族逻辑对于企业战略变革的作用，为全面理解家族企业战略变革行为的驱动因素和分析家族企业绩效的影响因素提供了新的理论视角；③在中国上市公司的情境下，摒弃以往学者对家族企业的"二分法"，将家族逻辑强弱作为区分各个家族企业的标准，对家族企业异质性战略行为的来源进行了新的解构，丰富了家族企业的异质性研究成果，为理解家族企业异质性行为的产生和对绩效的影响进行了有益的探索；④对构型理论的创新性应用，采用模糊集定性比较分析方法，将影响企业绩效的制度因素、组织因素和个体因素进行构型组合，并检验构型组合对企业绩效的影响；⑤创新性混合方法研究，即将回归分析和模糊集定性比较分析方法融合，检验变量间相互关系的同时，对变量的组合效应进行检验，完善分析过程，提高了理论的描述力、预测力和解释力；⑥模糊集定性比较分析方法的创新性稳健性检验，使用连续三年的数据对影响家族企业高绩效组合解的子集关系进行检验，保证组合解在时序上的稳健性，弥补了模糊集定性比较分析方法的缺陷。

本书提出了政府政策制定和家族企业转型升级的具体建议：①政府应进一步简政放权，建立健全促进民营经济发展的法律法规，逐步减轻家族企业对于自身"合法性"地位的担心，为家族企业的转型升级和价值创造提供公平的竞争环境。②家族企业应加强战略柔性，识别场域内的多元制度逻辑，根据主要制度逻辑的要求，在满足合法性的基础上确定战略变革的方向和程度，其中构建合法性可以从两个方面入手：一是建立现代企业治理结构，引入外部优秀的职业经理人加入，形成金融资本、人力资本和网络资源的良性循环；二是控制组织冗余的水平，防止因冗余资源过多抑制战略变革的开展，或因为了财富传承而导致外部利益相关者对家族企业的合法性产生怀疑，最终导致较低的绩效水平。③加强对家族企业主企业家精神的保护和激发，促进其对于战略变革的开放和包容的心态，缓解多元制度逻辑间的冲突，保持企业稳定发展的同时促进战略变革的开展。本书最后指出了研究中的局限性及未来可能的研究方向。

目 录

第一章　绪论

第一节　研究背景

一、研究的现实背景

后金融危机时代，世界经济格局发生了重大变化，贸易保护主义浪潮席卷全球，中国新一轮对外开放所面临的内外部环境也发生了翻天覆地的变化。在这样一个日新月异的时代，中国通过实施供给侧的措施来调整产业结构，促使经济进入高质量发展新阶段，从要素驱动、投资驱动转向创新驱动。在供给侧，充分利用人才、技术、管理等全球高端的生产要素，激发企业的创新活力，增加研发投入，提升产品技术，打造形象品牌，提升产品在全球价值链中的地位。在需求侧，不断调整产业升级，一方面通过加快出口结构升级，不断拓展国际市场，提升产品与服务，特别是高附加值的产品与服务在国际市场中的份额；另一方面通过扩大内需来消化过剩产能。然而在企业转型升级的过程中，随着国内外市场的压力逐渐增大，企业在生产经营中面临的内外部环境也更加复杂、变化愈加迅速，呈现出具有巨大不确定性与难以观测性的特点，竞争环境日趋白热化，如何采取措施以应对环境的变化是在转型升级中每一个企业必须思考的问题。

为更好地适应环境的变化、获取竞争优势，企业都会面临战略的延续或者变化的选择。战略变革是企业依据自身资源和能力应对外部环境变化的重要手段，主要目的是维持或者重建竞争优势，但其效果却千差万别。在当前的市场环境中，有的企业在不断调整战略来适应外部环境的变化，有的企业在某一领域深耕细作以实现永续经营，但企业在面临战略的延续或者变化时如何做出有利于实现企业持续成长的选择仍是一大难题。企业家在环境变化过程中，根据对资源和环境的感知和理解，制定和做出相应的战略调整行为，所以在进行战略的选择时，企业家的特征和企业所拥有的资源发挥着至关重要的作用。

家族企业在经济发展中，都有着举足轻重的地位，家族企业在促进中国经济增长、促进就业、维护社会稳定等方面都发挥着关键的作用。受互联网、人工智能、直播等技术的冲击，企业的盈利模式发生了前所未有的变化，这都迫使家族企业走上转型之路，但有许多企业因急于转型升级，战略频繁变革或"剑走偏锋"贸然创新而惨遭失败的案例。由于中国的家族企业对于经济发展有着重要的作用，因此研究家族企业在面临竞争日益激烈的环境中如何进行战略变革成为学者们关注的焦点，不仅可以丰富家族企业的理论研究，而且对于促使家族企业实现可持续增长有着重要的实践指导意义。

二、研究的理论背景

目前，全球经济下滑、竞争愈发激烈，企业面临的环境不确定性加大，中国家族企业在此背景下如何实现更好更快的发展是一个值得研究的课题。企业面对环境和资源的变化需做出相应的响应行为以促使其自身的战略行为与外部的环境变化相匹配（Helfat，Finkelstein & Mitchell，2007），从而促使企业提升绩效水平。战略变革是指企业通过改变自身的性质或者状态，以实现其自身和外部环境变化相适应（Van & Poole，1995）。当企业所面临的外部环境因素发生变化时，企业会分析环境变化对企业的影响，对企业自身的资源和能力等进行综合评估，重新思考企业的战略是否需要调整，以实现企业自身与外部环境相匹配，从而实现企业的可持续增长（Morgan，Vorhies & Mason，2009）。

对于家族企业制度逻辑、战略变革与企业绩效的关系，目前国内外学者的研究还尚不足够，以往学者对制度环境影响企业绩效的研究甚多，研究多元化制度逻辑对企业绩效尤其是家族企业的绩效的研究较少；战略变革和企业绩效关系的研究颇为丰富，但将战略变革划分为战略变革—持续性和战略变革—趋同性两个维度探讨其对企业绩效影响的研究甚少。家族企业战略行为的主要解释理论为社会情感财富视角（Gómez‐Mejía，Haynes & Núñez‐Nickel，et al.，2007；Gomez‐Mejia，Cruz & Berrone，et al.，2011）等，上述研究从不同方面研究了家族企业战略行为的动机与心理，对家族企业战略研究进行了补充，然而以上研究没有考虑组织所处的更加广泛的社会背景，特别是没有考虑制度情境对组织行为的重要作用。制度逻辑理论恰恰弥补了以上研究的不足，制度逻辑理论认为组织是处于多元制度逻辑的环境之中的，多元制度逻辑长期共存会产生冲突，并导致组织行为的差异化（Friedland & Alford，1991；Thornton & Ocasio，2008；Greenwood，Raynard，Kodeih & Micelotta，2011）。组织内关键决策者会受到制度逻辑的影响，其注意力会因制度逻辑而产生不同，同时制度逻辑可以强化组织的身份认同以影响其战略选择（Greenwood，Díaz & Li，et al.，2010；Miller，Le Breton‑Miller & Lester，2011），从而导致不同的企业绩效。

对于战略变革动因的研究大多是从外部环境特征入手的，外部环境对于战略的选择具有驱动与约束双重作用（Wiersema & Bantel，1993；Zajac，Kraatz & Bresser，2000），行业的竞争加剧、技术的进步发展、政策的推陈出新等外部环境因素都会引起企业的战略变革（Ginsberg & Abrahamson，1991；Wiersema & Bantel，1993）。对于从外部环境特征来研究战略变革动因主要有制度理论、组织生态理论和产业组织理论等理论支持。制度理论认为，特殊的制度情境对于企业的决策者进行战略选择有着重要影响，一方面，组织所面临的外部环境正变得复杂多样，这给组织的发展带来机遇的同时也带来了挑战，组织只有进行战略变革才能实现可持续发展（芮明杰等，2005），因此外部制度环境的变化会给企业带来战略变革的驱动力（Miller & Chen，1996）；另一方面，组织理论认为战略变革也是组织理性适应外部环境的过程（Zajac et al.，2000；Zajac & Kraatz，1993；Zajac & Shortell，1989），在适应外部环境的过程中，企业不仅会受到市场环境的影响，也会受到更大范围环境层面如法律等外部规则的影响（Tucker，Singh & Meinhard，et al.，1988），同时还会受组织内部层面规则的约束（Ginsberg & Abrahamson，1991）。不同的制度逻辑之间存在的冲突会驱动战略变革的出现（Thornton，2002）。企业在进行战略变革时也会考虑其行为的合法性，这样做是为了消除企业内外部利益相关者对企业战略行为的质疑，使其能够理解和接受企业的战略选择（Fiss & Zajac，2006），而战略趋同行为则是企业获取合法性的重要手段（Deephouse，1996）。

以往对于家族企业的研究，多数是家族企业与非家族企业的二分法对比研究，但家族企业并不是完全同质化的群体，由于家族成员控股权、家族人数等不一致因素，导致了即使同样是家族企业也会存在异质性（Chuaetal，2012），如在权衡家族逻辑和市场逻辑时，不同的家族企业其表现也并不一致，这是由于有的家族企业以"家族至上"为决策原则，而有的家族企业以"企业至上"为决策原则，这与 Wald（1987）的研究结论相一致。家族企业的异质性意味着家族企业可以对多元化制度逻辑进行差异化管理（Jaskiewicz，Heinrichs，et al.，2016），进而导致组织行为优先级的不同。因此有必要深入探讨家族企业多元制度逻辑、战略行为和企业绩效之间的因果关系。综上，本书基于制度理论、战略变革理论、高阶理论和构型理论，对多元制度逻辑下家族企业的异质性战略行为和企业绩效的关系进行研究，并深入探寻制度逻辑、战略变革、CEO 特征、组织冗余等变量影响家族企业绩效的组合路径。

第二节　研究意义

一、理论意义

本书基于"结构—行为—绩效"的研究范式，衍生出"制度逻辑—战略行为—企业绩效"的研究范式，重点探讨转型升级的背景下，制度逻辑（包括政府逻辑、市场逻辑和家族逻辑）与战略变革（战略变革的持续性和趋同性）对家族企业绩效的促进作用，同时探讨加入 CEO 特征（包括 CEO 开放性、CEO 持股量和 CEO 自主权）和组织冗余后的调节效应。此外，采用模糊集定性比较分析的方法研究引致高绩效和非高绩效的条件组合，在一定程度上对制度逻辑理论和家族企业战略理论进行补充。因此，本书的研究意义体现在以下四个方面：

第一，遵循着"结构—行为—绩效"的研究范式，构建了制度逻辑、战略变革与企业绩效关系的研究模式。对制度逻辑、战略变革与企业绩效这三者之间的内在联系的研究进行补充。本书借鉴制度理论和高阶理论等，强调 CEO 高层管理者和内部资源的调节作用，从而一定程度上丰富了现有的制度逻辑理论，同时也在"制度逻辑—战略行为—企业绩效"的研究范式下提供实证分析的参考。

第二，鉴于现有研究均从整体角度对制度逻辑进行分析，从其局部特征进行探讨的研究较少。因此，本书从制度逻辑的局部特征出发，将制度逻辑划分为政府逻辑、市场逻辑和家族逻辑，具体探讨三种逻辑下，能够引致高绩效的企业战略变革选择特征及 CEO 特征，并为企业实践提供一定的指导。

第三，为家族上市制造业企业的管理实践做出贡献。本书拟采用家族上市制造业企业为样本，通过回归分析法和模糊集定性比较分析（fsQCA）两种方法对上市公司的年报数据进行检验。数据结果能够得出多元制度逻辑、战略变革、CEO 特征和组织冗余对企业绩效产生的组合影响。因此，本书为制度逻辑、战略变革的研究与运用提供理论依据，为家族企业成功转型、实现绩效目标提供理论参考。

第四，本书丰富了中国本土情境化研究。制度理论和战略理论等均是在西方社会总结产生的，适用西方的情境，如在制度逻辑的研究中，对政府影响作用的忽视肯定是因为西方社会对自由放任的信仰掩盖了国家在市场中的作用（Dobbin & Dowd，1997）。许多西方理论对中国管理问题无法进行解释，本书基于中国情境，对家族企业的多元制度逻辑、战略变革和企业绩效的关系展开分析，为中国管理研究提供启示。

二、实践意义

本书的实践意义主要体现在以下三个方面：

第一，本书有助于了解家族企业战略转型和企业绩效的关系，并回答了制度逻辑对战略变革起到促进作用还是阻碍作用。本书通过对中国家族上市制造业企业的实证回归分析，能够深入了解多元制度逻辑影响战略转型的基本情况，摸清家族企业在战略变革行为中的绩效水平，为企业界的决策提供依据。

第二，探讨实现家族企业高绩效的组合路径。家族企业的管理者如果想要通过战略变革成功实现转型并保持健康成长，必须弄清多元制度逻辑的特征和多元制度逻辑与战略变革行为的关系模式。现实情况下，很少有家族企业管理人员从制度层面对企业战略变革产生的作用具有清晰的认识。通过本书，能够提供家族企业战略行为影响企业绩效的路径，企业决策者可以通过本书结果有针对性地根据制度逻辑来调整战略变革的方式和程度，促进家族企业高绩效成长。

第三，为家族企业成功实现转型提供理论参考，为政府市场经济体系的完善提供理论依据。本书通过对多元制度逻辑对战略变革直接影响以及对企业绩效影响机制的深入探讨和研究，提出实现家族企业高绩效的、系统的、可操作的政策建议，为中国家族企业实施战略变革提供理论参考，并在一定程度上完善政府扶持家族企业的政策体系和提高资源配置的合理性，促进家族企业健康发展。

第三节　研究内容及研究框架

一、研究内容

在现有的制度逻辑理论及战略理论中，均较少从制度逻辑的多元性角度深入探讨制度逻辑对战略变革和企业绩效的作用机制，以及较少用构型视角来探讨引致高绩效和非高绩效的条件组合。本书重点探讨中国上市家族制造业企业的多元制度逻辑（政府逻辑、市场逻辑和家族逻辑）特征与战略变革和企业绩效的关系问题。研究内容主要有四个方面：第一，研究多元制度逻辑对企业绩效的影响；第二，研究战略变革行为对制度逻辑影响企业绩效的中介作用；第三，研究 CEO 特征和组织冗余在多元制度逻辑和战略变革中发挥的调节作用；第四，研究制度逻辑、战略变革、CEO 特征和组织变革作为前因条件对企业绩效的组合影响。具体而言，本书开展了两个具有互补关系的研究：一是通过回归分析方法，回答三个问题：①不同制度逻辑与家族企业的绩效呈现何种关系；②何种战略变革在制度逻辑和企业绩效间发挥何种中介作用，也就是说，不同制度逻辑下不同的战略变革类型会产生不同的企业绩效；③CEO 特征和组织冗余在制度逻辑与战略变革间发挥何种调节作用。二是根据构型理论，借助模糊集定性比较分析（fsQCA）的技术方法，探讨多元制度逻辑下，战略变革、CEO 特征和组织冗余如何组合引致家族企业的高绩效或非高绩效，总结出哪种构型组合能给我国转型时期的上市家族企业带来高绩效。

二、研究框架

根据社会科学规范的实证研究范式，依照图 1.1 所示的结构安排，将本书分为七章，各个章节之间的逻辑关系与所要阐述的关键内容如下：

第一章，绪论。本章首先主要阐述了选题的研究背景、研究意义；其次具体提出本书的主要研究问题并提炼出本书的整体框架；最后介绍了本书的研究方法与技术路线。

第二章，文献综述。首先对家族企业进行详细定义；其次对制度逻辑、战略变革和企业绩效进行了文献回顾；最后对国内外文献进行述评，希冀找寻到研究的切入点，梳理出研究的脉络，为本书的研究奠定了坚实的文献基础。

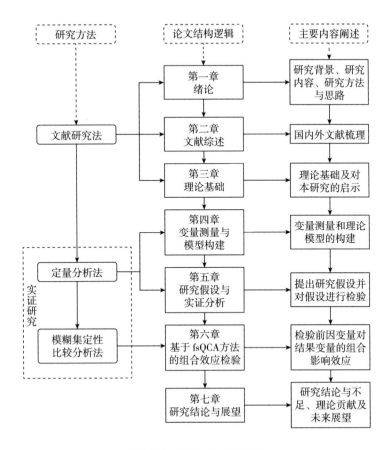

图 1.1 本书的研究框架

第三章，理论基础。本章介绍了本书赖以存在的理论基础，包括制度理论、战略变革理论、高阶理论和构型理论的内容。重点介绍了新制度理论和制度逻辑理论，首先从制度基础观、资源基础观和基于演化视角的战略动态适应观介绍了战略变革理论；其次根据研究主题阐述各个理论对本研究的启示，并在理论的启发下构建不同的理论模型，为后续研究打下坚实的理论基础。

第四章，变量测量与模型构建。本章主要为理论模型与研究设计，为后文的回归分析与定性组态比较分析提供了其所需的理论模型、变量定义、数据。本章第一节主要阐述了变量的界定与测量；第二节为模型构建依据，分别从制度逻辑与战略变革的关系、制度逻辑与企业绩效的关系和家族企业绩效影响因素组态三个方面进行介绍；第三节是研究模型设计，提出总体概念模型和变量数据选取要求，为下文回归分析和组态效应分析打好基础。

第五章，研究假设与实证分析。第一节提出回归分析模型与研究假设，围绕回归模型研究的主要问题共提出 14 组研究假设。第二节为样本与研究设计，包括样本选取与数据来源、变量度量、研究方法选择与描述性统计和相关性分析四个部分，在样本选取与数据来源部分阐述了本书的样本选取和数据收集方式，数据主要来源于 Wind 金融数据库和 CSMAR 数据库。第三节为回归分析与假设检验。第四节通过对 2013 ~ 2018 年在沪深交易所连续经营的 A 股家族制造业企业相关数据的分析和整理，进行回归分析与假设检验和稳健性检验，并对结论进行讨论。

第六章，基于 fsQCA 方法的组合效应检验。以案例为导向，通过对上市家族制造业企业相关数据的再整理，应用模糊集定性比较分析方法（fsQCA）对制度逻辑与战略变革对企业绩效的组合效应进行检验，对影响企业绩效的前因条件进行组态分析，得出引致高绩效和非高绩效的组合解。

第七章，研究结论与展望。首先对前文的实证研究进行结论阐述；其次指出本书的主要创新点，并尝试向企业及政府相关部门提出建议；最后提出本书的研究不足与未来的研究展望。

第四节　研究方法与技术路线

一、研究方法

本书探讨分析家族企业多元制度逻辑、战略变革行为以及企业绩效的因果关系。结合国内外研究文献和理论基础，借鉴已有研究所采用的统计分析方法，拟通过回归分析与模糊集定性比较分析相结合的技术方法，探讨各变量之间相关关系的同时检验相关变量的组合效应。本书具体运用如下方法：

（一）文献综述法

文献综述法是理解和分析问题的重要研究方法。本书在提出研究假设和设计概念模型之前，对已有文献进行充分的收集、分析和整理，总结出与研究目标相关的研究问题，并从文献中汲取研究方法和理论依据，最终完成对数据处理结果的分析和总结。本书回顾了已有的关于家族企业、制度逻辑、战略变革以及企业绩效的相关文献，并回顾了相应的理论基础，作为本书的研究理论和实证分析基础。

（二）实证分析法

一般的实证分析方法是基于大样本的统计分析，通过统计假设和概念模型的验证，发现因变量、自变量、中介变量和调节变量等变量之间关系的研究方法。本书主要采用了 CSMAR 数据库以及 Wind 数据库，以 2013～2018 年在沪深交易所连续经营的 A 股制造业家族企业为样本，通过 EXCEL 2013 以及 SPSS 22.0 进行描述性统计、相关性分析以及回归分析来研究变量关系和检验模型假设，最终得出结论。同时，采取模糊集定性比较分析的方法，运用 fsQCA 3.0 软件进行变量的测量和校准，以及集合运算，对制度逻辑、战略变革、CEO 特征、组织冗余影响企业绩效的组合效应进行检验，得出引致企业高绩效和非高绩效的组合解。两种方法的有效整合为研究制度逻辑、战略变革和企业绩效之间的关系提供更加完善的分析过程，提高了理论的描述力、预测力和解释力。

二、技术路线

本书通过梳理文献、收集数据、初步构建理论模型、利用收集的二手数据进行第一次实证检验、组合前因条件进行第二次检验等步骤展开研究，本书的技术路线如图 1.2 所示。

首先，本书从梳理文献入手，包括家族企业、制度逻辑、战略变革以及 CEO 特征和组织冗余四方面的国内外期刊文献等。在对文献进行梳理的过程中，对多元制度逻辑影响下的家族企业如何通过调整和变革发展战略以提高企业绩效来应对转型升级的挑战这个问题日益清晰。然而，现有的研究却无法做出充分解答。

在文献阅读基础上，选择制度理论和战略变革理论作为核心理论支撑，基于制度逻辑理论对影响家族企业的多元制度逻辑、战略变革影响企业绩效的机制进行解读。本书收集了 2013～2018 年在沪深交易所连续经营的 A 股制造业家族企业相关数据。通过数据的整理与分析，逐渐明确了三个研究问题，即影响家族企业的多元制度逻辑对绩效产生怎样的影响、战略变革如何在制度逻辑与企业绩效之间起到中介作用，以及 CEO 特征与组织冗余在制度逻辑与战略变革中如何起到调节作用。同时，以构型的视角采用模糊集定性比较分析（fsQCA）的方法来检验制度因素、组织因素和个人因素对企业绩效的组合影响，以期实现理论和方法上的创新。

在此基础上综合考虑各方面因素，参考以往学者的研究，将战略变革划分为战略变革—持续性与战略变革—趋同性两个维度，从动态和静态两个角度同

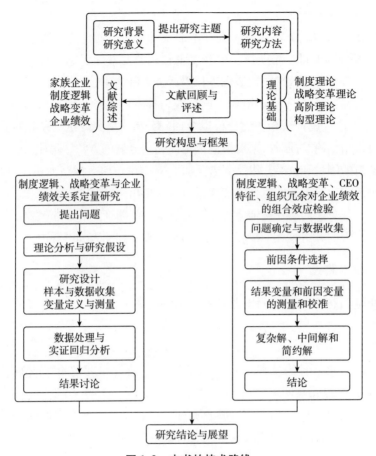

图1.2 本书的技术路线

时考虑了战略变革的纵向和横向特征，首先通过统计回归实证分析全面地揭示制度逻辑、战略变革和企业绩效之间的关系，在分析过程中，根据高阶理论和资源基础观引入 CEO 特征和组织冗余作为调节变量，全面了解多元制度逻辑情境、战略变革和企业绩效的因果关系。

此外，为了弥补传统回归分析仅探讨单一变量净效应影响的缺陷，根据构型理论，本书以案例为导向，对收集的二手数据进行再次整理与分析，将政府逻辑、市场逻辑、家族逻辑、战略变革—持续性、战略变革—趋同性作为前因条件，将企业绩效作为结果条件，逐一进行测量和校准，并通过 fsQCA 软件的集合运算得出复杂解、中间解和简约解，并识别出核心条件以及边缘条件，得出引致家族企业高绩效和非高绩效的组合路径，完成了制度逻辑、战略变革、CEO 特征和组织冗余对企业绩效的组合效应检验。

第二章　文献综述

本章对国内外相关研究进行文献述评，通过文献的梳理，了解本书的研究进展，总结以往研究的不足，找到新的切入点。综述分为三个部分，首先对家族企业的概念进行界定；其次对制度逻辑、战略变革和企业绩效进行文献综述；最后对文献进行了述评，指出研究的不足和研究方向。

第一节　家族企业概念界定

20 世纪 80 年代中后期，研究人员逐渐将家族企业作为一个独立的研究领域进行研究，*Family Business Review* 创刊文章的编辑寄语中，Langsberg 等（1988）就向广大的读者提问：何谓家族企业？之后该问题也渐渐引起不同领域学者的关注（Bird, Welsch & Astrachan, et al., 2002）。在 30 多年的时间里，学术界对此问题的讨论热度仍然不断增加且存在争议。虽然目前学术界对其尚未达成共识，但随着时间的推移，学术界主要出现了涉入法和本质法两种研究方式（Siebels & zu Knyphausen‐Aufseß, 2012）。涉入法基于家族涉入足以使企业成为家族企业这一理念基础之上；本质法则认为家族涉入仅作为必要条件，在此基础上必须能够导致独特的组织行为才能成为家族企业。

一、涉入法

涉入法将不同方面的家族涉入要素（如家族管理权、家族所有权、代际传承、治理结构等）视为家族企业的充分条件。例如，Claessens 等（2000）的研究表示，控股家族只要拥有不低于 5% 的投票权，那么其就被认为是家族企业；Anderson 和 Reeb（2003）将控股家族占有的所有权比例和企业董事会有没有家族成员作为划分依据，如果企业中控股家族拥有部分股份或者该家族的成员在公司董事会中具备一定的职位，那么其就属于家族企业。

涉入法在目前大多数的实证研究中都有应用，这主要源自它的操作性强。但是，涉入法的缺陷是缺乏统一的阈值和界定标准，不利于实证研究的严密性。此外，涉入法的研究常常缺乏足够的理论基础用来解释家族涉入为什么会导致家族企业区别于非家族企业的差异性行为（Chrisman，Chua & Sharma，2005）。

二、本质法

Chua 等（1999）认为，家族对企业的影响仅通过考察家族涉入的程度是不充分的，从根本上来讲，家族企业与非家族企业行为的差异是由家族涉入的本质的差异导致的。家族企业由一个或几个家族管理或治理，根本是想通过主导联盟来创造企业未来并追求家族愿景，同时也希望企业能够在后代的手中稳定地传承下去。故而，更倾向于使用本质法来定义家族企业。通过分析目前文献，可以将家族企业的界定标准概括为：家族对企业战略导向的影响（Davis & Tagiuri，1989），维持家族控制企业的想法（Litz，1995）以及表现出家族企业的行为（Chua et al.，1999），在家族涉入和与家族成员的互动过程中，获得的独特的、密不可分的，并且协同的资源与能力（Habbershon，2003）。

本质法定义的优势在于它同时关注到了家族企业中的经济和非经济价值（Chrisman et al.，2005），其局限性在于其主要在理论上对家族企业进行划定，却不具备研究中所需的可操作性。

本书根据以上文献梳理，总结出家族企业的定义方法（见表2.1），本书参考涉入法，将控股家族在企业中持有股份的界定为家族企业，将持股比例的大小作为家族企业之间的区分标准，并从家族逻辑的视角切入，解释了家族企业之间的异质性带来的战略行为和企业绩效的异质性。

表2.1　家族企业的定义方法

定义方法	代表人物	界定标准
涉入法	Claessens 等（2000）	控股家族掌握至少5%的投票权
	Anderson 和 Reeb（2003）	控股家族在企业中持有一定的股份或者有家族成员在公司董事会中任职
本质法	Davis 和 Tagiuri（1989）	家族对企业战略导向的影响
	Litz（1995）	维持家族控制企业的想法
	Chua 等（1999）	表现出家族企业的行为
	Habbershon（2003）	在家族涉入和与家族成员的互动过程中，获得的独特的、密不可分的，并且协同的资源与能力

资料来源：根据相关文献整理。

第二节　制度逻辑文献综述

一、制度逻辑的含义

什么是制度？North（1990）指出制度是一个人为设计的、社会的博弈规则，用以约束人们之间的互动关系。Scott（1995）认为制度是一种要素，为社会生活及相关活动提供稳定性、规范性和文化认知性。以 DiMaggio 和 Powell（1983）为代表的早期新制度主义学派指出并解释了同型的制度导致组织行为趋同的机理。

什么是逻辑？"逻辑"一词的概念是一组相互联系关系的集合，约束组织活动，是一个有价值的概念，可以用于一系列的社会情境。在组织战略领域，Prahalad 和 Bettis（1986）使用主导逻辑（Dominant Logic）来描述控制组织行为的假设集合，为组织者提供方向感和适当性。"主导"概念的提出暗示从属逻辑的存在，也暗示了可能位于逻辑核心的权力关系。当组织内部的这种逻辑被认为是理所当然的时候，他们可能被制度化了，这种断言不管在组织内部还是组织外部的场域中均能存在（Mutch，2017）。在制度逻辑的语境中，实质是赋予实践意义的本质。制度不仅被认为是理所当然的规范或要求，而且还涉及对某些有价值假设的承诺，这些假设约束了组织的响应行为。

制度逻辑指构成一个领域中行为和组织规范的具体实践和符号结构，制度逻辑是一个场域中制度背景的具体实践，组织形式和管理实践是制度逻辑的体现和合法化（Greenwood，2010）。最早将"制度逻辑"的概念引入社会学研究的是 Alford 和 Friedland 在 1985 年的研究，用以说明西方资本主义制度、官僚制度和民主制度之间的矛盾，矛盾的实践与信念导致个体和组织参与不同的政治竞争。Friedland 和 Alford（1991）又从个体、组织和社会的相互关系视角对制度逻辑进行了重新定义：促进组织与个体发展的一套物质性的实践和象征性的符号结构，是不同制度秩序下的组织原则。该定义认为必须突破原来决定论的视角，将个体和组织行为嵌入社会背景中，将社会视为一种内含个人、组织和社会之间关系的制度间的系统，不同的核心制度存在不同的核心逻辑（见表 2.2）。

表 2.2　不同的制度秩序对应的核心逻辑

制度秩序	核心逻辑	具体实践
资本主义	积累	人类活动商品化
政府	规制	通过立法和科层等级组织对人类活动进行理性化调节
民主	参与	社会大众控制人类活动的扩张
家庭	共产主义	通过成员的无条件忠诚和再生产需要而促进人类活动
宗教或科学	真理	超然于世俗世界的真理以及人类活动领域的符号建构

资料来源：根据相关文献整理。

Thornton 和 Ocasio（1999）对制度逻辑进行了更深刻的研究并对制度逻辑的内涵进行了拓展，他们这样定义制度逻辑：制度逻辑包括关于物质实践、假设、价值观和信仰，个人和组织通过其赋予现实活动的意义，规划时间和空间，再现个人和组织的生活经历的社会建构的文化符号和物质实践的历史模式。该定义首次将互补的三种必要制度要素（结构、规范和符号）进行了整合，被学者们广泛肯定和采用。制度逻辑是一种集合，涵盖了假定、价值标准，对于组织的行为及绩效增长至关重要。Jones 等（2013）认为制度逻辑是社会建构的文化符号、认知图式、规范期望和塑造制度行动者行为的物质实践模式。由于家族企业处于制度环境当中，因此其行为会受到不同制度环境的影响（Kostova & Zaheer，1999），但制度实际上可以作为组织选择不同行为的"跳板"（Heugens & Lander，2009），在此背景下出现了多元逻辑的一系列研究。

综上所述，制度逻辑是指构成某个领域中行为和组织规范、针对嵌入制度且占有特定角色的参与者而言的，具体被参与者创造、维系和体现的具体实践和符号结构。

二、制度逻辑的维度划分

（一）基于西方文化背景的制度逻辑维度划分

逻辑是由人类学的考量所决定的，逻辑关注的焦点包括认知、选择、信仰和感受（Suddaby，2016）。国外学者基于西方文化情境对制度逻辑的分类方法不同（见表 2.3）。

表 2.3 制度逻辑的维度划分

代表人物	主要观点	维度划分
DiMaggio 和 Powell（1983）	划分三种重要的制度机制，整个组织场域受到这三个制度机制的影响，制度过程会导致组织在结构上的相似	规范 模仿 强制
Scott（1987）	制度三大基础要素是制度结构的重要支柱，引导组织的行为和抵制制度变迁	管制 规范 文化认知
North（1991）	将制度分为法律、规章等正式制度，以及约定俗成的规则等非正式制度	正式制度和非正式制度
Thornton（2004，2008，2012）	修正了 Friedland 和 Alford（1991）的划分，认为多元制度秩序可以分为：市场、企业、职业、家庭、宗教和政府，后将社区纳入	
Peng（2009）	将制度归结为正式制度与非正式制度两大类，正式制度的支柱为规则，非正式制度的支柱为规范与认知	

资料来源：根据相关文献整理。

（二）中国情境下的制度逻辑维度划分

1. 制度逻辑的维度划分

通过文献梳理可知，"市场、企业、社区、职业、家庭、宗教和官僚国家"是基于对西方社会的观察提出来的，嵌入在西方"资本主义的中心逻辑"的制度情境之下（Fried & Alford，1991）。但组织战略理论具有高度情境化的特征，因此必须关注特定的制度情境。在中国转型经济背景下，计划经济的残留和市场经济并存是转型时期典型的特征之一，许多学者关于制度逻辑的研究均基于该背景，Peng（2003）认为以规则为基础的制度结构和以关系为基础的制度结构同时存在，即市场主导逻辑和政府主导逻辑并存，同时影响着企业（何丹，2016；杜运周等，2013；乔坤元，2012；猴倩雯等，2015）。

（1）政府逻辑和市场逻辑。

政府逻辑与市场逻辑在本质上截然不同，市场逻辑通过产权安排和交易形成规范性和文化性认知，交易各方通过自由竞争追求私人利益最大化，因此强调企业行为受自身利益所驱使；政府逻辑则是强调政府在确保社会政治秩序方面的基本方向，即通过官僚体系和法律法规形成强制性的规制措施，服务于国家发展和社会稳定的政治目标，从而对组织形成规制上的压力。企业常常会受到其与政治当局关系的塑造，表现在政府不仅能通过立法、规章制度影响企业的经营活动，还会直接或者间接参与董事会决策、项目审批和资源分配等（Li & Zhang，2007）。因此，政府逻辑遵从合法性机制，而市场逻辑则以效率机制为核心（何丹，2016）。市场逻辑可能导致企业的不良竞争行为，而转型期的制度空缺可能使之加剧（杜运周，2012，2013）。由于转型期的正式制度不完善和冲突，以及政府控制大量战略性资源导致关系网络替代正式制度，企业以政治关系网络来响应面对的多元制度逻辑冲突（Peng & Luo，2000；李晓丹等，2015），因而政府逻辑伴生的内容也包括企业构建政商资源或利用官僚制度的腐败获取利益等。政府逻辑较强的制度环境下，企业管理层可能会为了获得更多的政治庇护、较低的市场准入以及优惠的资源配置，而主动建立政治关联的诉求。这种行为对企业经营具有"双刃剑"效应，这种效应也深刻影响着企业战略的选择（缑倩雯等，2015）。行业不良竞争水平加剧迫使企业具备较高的战略弹性，通过涉入政治网络获取绩效，但政治活动也可能干扰市场行为导致低绩效。

（2）家族逻辑。

除政府逻辑和市场逻辑的研究外，学术界还对特定的家族逻辑进行深入研究，如研究家族逻辑对企业行为选择的影响（李新春等，2011）。家族逻辑指个人或组织的行为按照"家"的观念行事，把社会关系视为类似家族内部的亲属关系或血缘关系，从而表现出尊卑有别和相互扶持等非市场化行为倾向。家族的思想和行为逻辑基本上以情感伦理为基础（代吉林和张支南，2010）。Friedland 和 Alford（1991）将家族逻辑定义为"共产主义，以及通过成员的无条件忠诚和再生产需要而促进人类活动"。Jaskiewicz 等（2016）则将其定义为"普遍持有的规范、价值观和目标，用来指导企业行为，旨在满足家族利益"。

Zellweger 等（2016）的研究中总结了四种核心的家族规范：父母的利他主义、父母对未来的自我利益期待、孝顺互惠和孝道。父母的利他主义促使父母照顾自己的孩子（Becker，1981，1988；Kellermanns & Eddleston，2004）。反过来，父母的自利动机引发了遗产的创造欲望（Chua et al.，1999；Zellweger et al.，2012）。孝顺互惠是家庭对孩子回报父母支持的期望（Janjuha - Jivraj & Spence，2009）。孝道则是孩子的责任，以支持年迈的父母（Gans & Silverstein，2006；Silverstein & Bengtson，1997）。Jaskiewicz 等（2016）的多案例研究中发现，家族逻辑可划分为家族持续（Family Continuity）和家族团结（Family Unit）两个主体，家族持续的子维度包括家族价值观、家族传统以及家族辈分（Family Seniority）；家族团结的子维度包括家族时间、家族关系质量以及家族管家（倾向）。受到家族逻辑影响的企业，权力结构和情感结构并存，家族系统基本上是一个情感系统（Swartz，1989），情感取向左右了家族成员的思想和行为，家族系统的思想逻辑和行为逻辑基本上以情感逻辑为主导，形成了独特的"家族逻辑"。

2. 家族企业的制度逻辑

家族企业的多元逻辑是在家族企业的二元逻辑基础上提出的，最早由 Swartz（1989）提出，他认为家族企业涉及"家族"和"企业"两个系统，这两个系统之间存在彼此高度依赖的互惠关系。因此，家族企业发展的过程同时也是家族逻辑和市场逻辑交互作用的过程，企业一方面作为经济组织在谋求经济利益最大化，寻求竞争优势的过程中会遵循市场逻辑的规范、价值观；另一方面企业家最初创办家族企业的目的在于提高个体和整个家族的福祉，家族对企业的影响使得企业的决策过程同时还要考虑家族的规范、价值观和目标（Jaskiewicz et al.，2016）。与家族逻辑相比，企业行为中遵循的市场逻辑则更偏向于制度化的管理，更多地考虑如何提升自身的市场适应性以应对激烈的市场竞争并获得利润，因此会表现出"理性化"的特征（Swartz，1989）。

中国转型经济情境下，家族企业除受到家族逻辑、市场逻辑的影响外，也必然受到政府逻辑的影响，与另外两个制度逻辑相比，政府逻辑更加强调社会规制要素的强制力。家族企业的家族逻辑、市场逻辑和政府逻辑的比较见表2.4。

表2.4 家族企业的家族逻辑、市场逻辑和政府逻辑的比较

	家族逻辑	市场逻辑	政府逻辑
制度结构	以情感为基础	以规则为基础	以关系为基础
组织目标	家族和谐、家业长青	利润、效率最大化	社会责任、获取资源
合法性来源	家族忠诚	企业的市场地位	社会规制要素
权威性来源	家长制	经营权和控制权	强制力
角色身份来源	家族声誉	职业等级制度	政府等级制度
实现目标的策略	为家庭成员提供职业保障，利他	建立竞争性地位	多维度目标共同发展
战略偏好	保守、稳定	增长、模仿	保守、结盟、顺从

资料来源：根据相关文献整理。

家族企业显然是制度环境的产物，制度透镜（Institutional Lens）提供了一个有益的理论工具（DiMaggio & Powell，1991；Godfrey，2014）。具体地说，新制度理论认为既定组织领域中被视为理所当然的假设、法律、规则和边界强烈地影响着行动者的行为（North，1990；Peng，Sun，Pinkham & Chen，2009；Scott，2005）。过去的许多研究都将社会规律或文化价值等制度视为影响整个社会的宏观变量（Meyer，Estrin，Bhaumik & Peng，2009）。然而，Wicks（2001）认为制度也发生在微观层面。具体地说，可以发展一种思维模式（mindset），从而影响该行业或专业领域的企业的标准和商业惯例（Eisenhardt，1988；McCloskey，1994）。Vermeulen、Van Den Bosch 和 Volberda（2007）基于微观层面的视角，考察了微观层面的制度力量，包括业务层面管理者的思维模式。所以，制度逻辑是一种驱动因素，影响着管理者在战略层面所做出的决策和努力。家族企业适应环境的能力，在一定程度上解释了为什么有一些家族企业不仅幸存，而且还能够蓬勃发展。家族企业能够根据环境和经济形势的需要进行战略的调整和改变。因此，本书预计绝大多数家族企业具有多元逻辑的制度特征，家族企业对不同制度逻辑的战略变革响应对绩效产生不同影响。

三、制度逻辑的影响机制

Zucker（1987）指出，在一般情况下，制度逻辑带来的压力根源可分为两类：社会和经济适用性，因而组织将分别获得实用合法性、道德和认知合法性。武立东等（2011）进一步总结，环境对组织的作用过程中有基于权变理论、资源依赖理论以及经济学中的效率机制，同时还有基于组织制度理论的合法性机制的作用。因此，多元制度逻辑引致的多重行为机制迫使企业战略处理好经济效率与合法性关系。

（一）效率机制

新古典经济学的基本思想是，在消费者和生产者相互作用的市场过程中，双方通过供需平衡的价格来协调行为，人们在理性选择的原则下追求私利的最大化，市场运行即可达到帕累托效率，其关于市场的理论建立在一组非常特定的假设之上，即充分的、对称的信息和人们行为的理性选择等，完全拔除了社会性关系，具有典型的"非社会性"，周雪光（2003）把这种新古典经济学的思想称为"效率机制"。效率机制是指在市场（任务）环境下，要求企业按效率最大化原则组织生产，通过成本和收益的权衡进行战略选择，主要对应于企业的技术或任务环境要求。特别地，按照效率机制"转型升级"应该是市场

"无形的手"驱动的结果，是企业为追逐更大私利的动力所驱使的，而不是以人们（或者政府）的意志为转移的，但中国的现实情况却是政府凭借"有形的手"直接或间接地干预企业的战略选择，而且干预的效果十分显著。

（二）合法性机制

"合法性机制"是新制度主义学派的研究范式，该学派着眼于解释企业的趋同性，指出企业并不是一个简单的效率机制，其不仅受前述的技术环境要求而追求效率，同时还受制度环境要求去采纳那些在制度环境下广为接受的形式和做法，而不管其对企业内部运作是否有效率，这便是合法性机制。在广为接受的社会事实面前，企业为了使自身看起来"合乎情理"而非"异类"，进而服从合法性机制，实现趋同。相应地，Dimaggio 和 Powell（1983）指出企业通过强制、规范和模仿三种趋同机制来获取合法性，该理论范式被引用最广（见表2.5）。

表 2.5　典型的组织趋同机制

制度框架	趋同类别	压力源	压力内涵	典型表现
规制制度	强制趋同	组织所依赖的其他组织向其施压的正式与非正式压力，以及文化期待的压力	该压力可能被组织感知为要求其加入共谋的一种强制力量	法律环境（政府场域）以及政府场域外的标准、规则对组织同形的形塑
认知制度	模仿趋同	不确定性下公众的认可、理解与期待	该压力迫使组织迎合公众的期待，以期被认为"合法"	组织的技术未得到人们理解、目标不清晰等不确定情形下，组织通过学习更成功、合法的组织结构等获得认同
规范制度	规范趋同	规范，并且主要是专业化进程产生的压力	该压力界定了一种职业的工作条件与方法，这样该群体才能在组织中占据应有的位置	通过正规教育、员工甄选和人才网络等机制产生一群可互相替代的个体，占据各种组织的相似位置，并超越组织多元化影响组织行为，导致组织同形

资料来源：根据 Dimaggio 和 Powell（1983）整理。

根据周雪光等（2010）以及曹正汉（2005）的观点，合法性机制对组织的作用一般存在于"强意义"和"弱意义"两个层次，"强意义"是指社会的共享观念具有强大的约束力，组织的结构和行为无法自主选择，它主要通过赋予身份、社会群体记忆和遗忘、类别化三种"自然化"机制得以实现；而"弱意义"上的合法性机制是指制度通过影响资源分配或激励方式来影响人的行为。事实上，制度环境不仅具有约束同形的作用，其使能作用同样可导致组织趋同，如政府可通过税收、金融、资源政策来引导和诱使企业节能减排、转型升级，而与公众价值观及消费认知制度一致的绿色、环保、健康生产战略亦可帮助企业增加品牌声誉，扩大市场份额，从而驱使企业转型升级。合法性能够给企业带来可靠性和可信性（Tornikoski & Newbert，2007），资本市场上的投资者因为家族企业合法性的增强对其未来绩效产生高预期，降低对风险的感知（Certo & Hodge，2007），而且合法性有助于资源整合（Zimmerman & Zeitz，2002），高合法性企业更能以合意的条件获得高质量的资源（Deephouse & Suchman，2008）。

（三）效率机制与合法性机制的关系

一是两种机制处于制度化进程不同阶段。在制度化的早期阶段，组织对于某种新形式的采纳是出于自身特殊的需要与利益选择，随着制度化进程的推进，规范和文化要求日益积累，甚至达到采纳某种组织形式已经是不容选择的必备前提这样的强度（Fligstein，1985）。合法性机制发挥作用的前提是基于效率机制形成的某些实践或结构的存在，一定程度上效率机制是合法性机制的发端，随后组织行动的逻辑才逐步从工具逻辑转变为适当性逻辑，两者处于同一制度化进程的不同阶段。

二是合法性机制将最终影响效率。企业服从合法性机制后取得的合法性可以作为一种"帮助企业获取资源"的资源影响企业效率机制。一方面，合法性机制将最终提升企业的效率，这与经济学中的制度理论所遵循的"理性人"基本假定，即决策者以自己的效用最大化为决策目标具有一致性（汪秀琼等，2011）。另一方面，由于环境变化后企业对合法性的追求往往不是出于功能性原因，追求合法性的行为也可能产生负面影响，如降低组织协调性或企业效率。周雪光（2003）甚至认为，"效率机制"和"合法性机制"对企业的要求常常是相互矛盾的，尽管企业服从合法性机制对效率机制之间的作用关系并不完全一致，但这些研究却有力地证明了这两种机制之间的互相影响关系。

三是两种机制在某些行为由非市场化发展到市场化的过程中往往会交互更迭出现，相辅相成。杨玲丽（2010）尝试用两种机制来研究广东省各级地方政府置身产业转移的动因和过程，结果发现产业转移本质上是市场驱动的产物，必将先是市场效率机制发挥作用；政府是产业转移过程中的助推器，在合法性机制作用下，政府为产业转移创造有利的制度条件和制度环境。总体上，产业转移机理是效率机制→强合法性机制→弱合法性机制→效率机制的更替作用过程。

四、制度逻辑对企业绩效的影响

制度逻辑对企业绩效的影响取决于制度环境，有的学者研究制度对企业绩效的直接影响，还有的学者认为一定是有某些因素在制度和绩效间起到中介作用，研究制度对企业绩效的间接影响。

在探讨制度对企业绩效的直接影响方面，大部分学者都从制度环境的好坏的角度阐述对企业绩效的影响，例如，苏坤（2012）认为较高的市场化程度和金融发展水平将促进公司绩效的提高，张敏（2019）研究得出上市公司所处地区的制度环境越好，公司绩效越高。制度对企业绩效的间接影响（通过战略变革、通过分析师预测等）方面，张敏等（2019）以2013~2016年中国A股上市公司为样本，将制度环境和分析师预测作为两种外部监督机制，并研究两者之间的交互作用对企业绩效的动态影响。甄红线等（2015）以代理成本为切入点，通过分析两类代理成本在终极控制权和制度环境与公司绩效之间的不同影响路径，并认为相比国有企业制度环境的改善更有利于提高民营企业的公司绩效。何文剑等（2019）研究了企业家精神配置在制度环境与企业绩效之间的传导作用，好的制度环境提高企业绩效，而较差的制度环境会降低企业绩效。袁显平等（2019）研究了公司特征在制度环境与企业绩效之间的作用，他们认为在制度环境较好的地区可以得到较高的政府补助、较好的金融制度和法律制度的支持，有利于提高新能源企业的企业绩效。罗党论和唐清泉（2012）的研究表明金融市场越完善，民营上市公司的绩效越高。

从以上文献可以看出，对于制度逻辑与企业绩效的研究主要是研究制度逻辑影响企业绩效的"黑箱"，从企业对多元制度逻辑的异质性战略响应行为影响企业绩效的研究较少。

第三节　战略变革文献综述

战略变革关注环境变化与组织适应两大基本问题。随着外部环境的变化日益复杂化和动态化，企业在发展的过程中面临着更多的不确定性和挑战（Van

De Ven & Poole，1995）。战略变革（strategic change）正是应对外部环境变化所带来的不确定性的重要手段，对于企业获取持续性的竞争优势、实现可持续发展发挥着至关重要的作用，因此，战略变革成为理论界和实践界共同关注的热点（Herrmann & Nadkarni，2014；Kraatz & Zajac，2001；Zhang & Rajagopa-lan，2010；连燕玲等，2015，2014）。

一、战略变革的界定与测量

对于战略变革的界定，国内外学者目前已经取得较为丰富的成果。国外学者对战略变革的研究相对较早，Ansoff（1979）首先对战略转型的概念进行了界定，战略转型需要企业内部相应资源和企业文化得到调整和适应。国内对于战略变革的研究相对较晚，但也取得了丰富的成果，芮明杰等（2005）的研究从企业适应外部环境的角度出发，认为企业战略变革是为了适应企业在发展过程中遇到的环境变化所带来的不确定性，通过制定与外部环境相适应的战略的行为，从而使企业获得持续竞争优势，确保企业长久生存和发展。通过阅读文献，目前主要是根据研究情境和目的的不同，从战略内涵变化视角和战略决策程序变化视角界定战略变革。

（一）基于战略内涵变化视角的界定与测量

基于战略内涵变化视角，学者们通常关注如资源配置、业务方向、竞争策略等方面，具体总结为公司层面、经营层面和职能层面的变化（Ginsberg，1988）。Mintzberg（1978）认为企业的战略管理是一种非常重要的决策流模式，他认为战略管理是企业在与环境的不断交互中进行调整资源配置的过程，多数学者基于其战略管理理论，将焦点放在企业的资源配置维度上，以能够影响战略的资源配置维度上的变化程度来反映战略变革。Zhang 和 Rajagopalan（2010）、Geletkanyca 和 Hambrick（1997）、Finkelstein 和 Hambrick（1990）等一致认为战略变革是战略资源配置的波动程度，既包括战略资源配置在不同年度的波动，即纵向的战略变革—持续性（Strategic Persistence），也包括战略资源配置水平与同行业其他主流企业之间的差异，即横向的战略变革—趋同性（Strategic Conformity）。

首先，战略变革—持续性是纵向维度，反映了企业自身在发展过程中不同年度之间战略资源配置的波动水平，是否与先前制定的战略保持一致（Datta et al.，2003；Finkelstein & Hambrick，1990），是长期视野下形成的决策偏好（Nordqvist，2005；Sirmon et al.，2008），使企业维持传统的组织实践（Kieser，1989）。其次，战略变革—趋同性是横向维度，反映了企业自身的战略资源配置水平与行业内其他大多数企业之间的差异，即本企业的发展战略是否与同行业中其他的发展战略相一致，是企业进行战略变革的重要方式（Crossland et al.，2014）。战略的趋同是企业应对外部利益相关者质疑、其他外部制度压力和构建合法性的重要手段（Deephouse，1996；Westphal et al.，1997）。基于战略内容定义战略变革具有操作上的简便性与可行性，因此在国内外大量研究中得到广泛应用（Crossland et al.，2014；Tang et al.，2011；连燕玲和贺小刚，2015）。

结合以往学者的研究，将引起组织层面战略变革的六个维度的资源视为关键战略资源，即广告强度（Advertising Intensity）、研发强度（Research and Development Intensity）、固定资产更新率（Rate of Fixed Assets Renewal）、非生产性支出（Unproductive Expenditure）、存货水平（Stock Level）以及财务杠杆比率（Financial Leverage Ratio）（Finkelstein & Hambrick，1990；Carpenter，2000；Karaevli & Zajac，2013；Crossland et al.，2014；Zhang，2006），分别用上述六个维度在不同年份波动水平和与同行业的差异水平测量战略变革—持续性和战略变革—趋同性。这六个维度被选择的原因：第一，能够被高层管理人员控制；第二，会对企业绩效产生重要的影响；第三，指标间具有互补性，每一个指标都聚焦于公司战略概况的重要且具体的方面，如广告强度、研发强度和固定资产更新率是企业基本战略资源的分配，非生产性支出比率提出企业的主要费用结构，存货周转率衡量产品的周转频率和营运资本的运转效率，产权比率是企业股东权益对负债的补偿倍数，代表企业利用财务杠杆的程度（Schendel & Patton，1978），以及从组织理论视角来看，产权比率代表了企业的潜在冗余（potential slack）；第四，指标计算涉及的数据容易获得，并且在行业内的不同公司之间具有相对可靠的可比性；第五，在前人有关战略研究的文献中均有使用。

（二）基于战略决策程序变化视角的界定与测量

Herrmann 和 Nadkarni（2014）的研究将战略变革分为两个维度：一是基于战略变革内涵改变进行测量的战略变革发起；二是基于战略流程改变进行测量的战略变革实施。在战略决策的程序变化方面，往往把焦点放在企业的组织架构、企业文化、企业管理体系的改变方面（Ansoff，1979；Tushman et al.，1985），Snow 和 Hambrick（1980）认为可以支撑战略有效实施的技术、结构和流程的改变也属于战略变革，这都是为了支持企业的战略能够得以有效实施。相关研究将企业的组织架构、企业文化、企业的管理体系等的改变纳入战略变革的范围，是对基于战略内涵改变的一种补充和延展。

二、制度逻辑对战略变革的影响

(一) 制度逻辑在组织中的呈现机制

制度逻辑在组织中的呈现机制有两种: 一是通过组织成员, 如管理者、员工和董事会成员在组织内部传达 (Dimaggio & Powell, 1983)。二是通过组织外部的活动者对组织施加资源依赖关系的压力来传达 (Dimaggio & Powell, 1983; Oliver, 1991)。组织的战略响应是指迎合特定制度压力要求而做出的一系列战略行为 (Suchman, 1995; Oliver, 1991)。关于企业战略响应的文献中, Oliver (1991) 的研究成果得到大量学者的首肯并被大量引用, 根据组织对制度要求的抵制程度由低到高呈现出默许、妥协、回避、抵抗和操纵的战略响应, 各响应类型中又包括不同的战术类型, 如默许战略中包括习惯、模仿和顺从战术 (见表 2.6)。本土企业在面临规制压力的情况下, 更加会利用 "政治关系" 面对政府网络信息的控制压力以达到合法性目的, 而外资企业则选择退出中国内地市场 (Lu et al., 2013)。

表 2.6　组织应对制度压力的战略响应

战略	默许			妥协			回避			操纵		
手段	习惯	模仿	顺从	平衡	安抚	讨价还价	隐藏	缓冲	规避	指派	影响	控制
举例	追寻无形的公认规范	模仿制度模式	服从规则与接受规范	平衡多类成员的期望	安抚和满足不同制度要素的要求	与制度环境的利益相关者进行讨价还价	伪装成不一致	松懈、制度依附	变革目标、活动或领域	引入有影响力的参与群体	塑造价值观和标准	主导制度构成要素和形成过程

资料来源: 根据 Oliver (1991) 整理。

在最新的研究中, Ahmadsimab 和 Chowdhury (2019) 认为在合作的各个阶段, 组织应减少与不同的制度逻辑相关的紧张局势并保持成功的伙伴关系, 合作伙伴通过参与联合试点项目和展示管理层对合作伙伴关系的承诺来管理差异, 保持可持续的互动模式: 谈判活动范围, 监督和学习, 以及修改组织实践。Kaufman 和 Matt 等 (2019) 探讨了预算过程作为不同制度逻辑之间的辩论和妥协以及在复杂环境中管理变革的能力, 有选择性地利用多个逻辑进行操作的能力是管理制度逻辑随时间共存的重要资产。

（二）家族企业制度逻辑与战略变革

1. 研究进展

关注家族战略变革的学术文献最近几年才开始出现。目前国外学者是对比研究家族和非家族企业，探讨两者在战略调整上存在的差异。Miller 等（2013a）通过对家族与非家族上市公司的战略趋同差异程度的研究，发现家族上市公司的战略趋同度更高，这是因为战略趋同是有效应对外部利益相关者质疑、有效应对外部制度压力以构建企业合法性的手段。相对于非家族上市公司来讲，家族上市公司由于家族成员的涉入，可能为了追求家族利益最大化而损害包括其他股东在内的利益相关者，他们的利益面临被家族成员侵占的风险，放大了他们对家族上市公司的质疑，为了有效应对这种质疑，上市家族公司在进行关键战略资源配置时选择与行业趋同，以此降低外部利益相关者的质疑，从而换取他们的支持。

对于家族企业的研究，往往采用案例分析或实证研究的方法，但对于家族企业多元制度逻辑对其行为的研究仍处于起步阶段。Greenwood 等（2010）研究表明，裁员率在受家族逻辑主导的企业中更低，特别是在中小型企业中体现得更为明显。Miller 等（2011）研究表明家族企业由于受到家族成员涉入，其家族逻辑会促使企业采取更为保守的战略。Reay 等（2015）运用案例研究的方法分析了不同逻辑的组合如何影响企业行动。Zellweger 等（2016）研究了家族成员在企业中的股权、家族的凝聚力、跨代控制的意愿等都会影响家族潜在继承者对家族的预期。Harrington 和 Brooke 等（2018）研究认为家族企业的制度逻辑在代际演替过程中解开，外部顾问可以在这种综合作用中充当家庭的代理人，成为保护家族企业作为商业企业和亲属团体的可行性的关键参与者。

国外学者研究发现，家族企业的控股家族通常会选择较少的多元化发展战略（Gomez Mejia et al.，2010）、进行较少的研发投入（Chrisman & Patel，2012；Gomez Mejia et al.，2014）以获取对企业的长久控制，尽量避免采取稀释公司控制权的行为。国内方面，朱沆等（2016）研究指出家族的控制意愿不利于企业研发投入，而家族的传承意愿则会提升研发投入。通过实证研究，吴炳德等（2017）探讨了中国民营企业家族控制与投资视野的关系，从长期来看，长期的研发投入家族企业要高于非家族企业，但是从短期来看，短期的研发投入家族企业低于非家族企业，内部资源的宽裕扩大了这种特征，而外部的技术环境会抑制这种特征。

2. 理论依据

在家族企业战略研究的初期，主要有如下理论来解释企业：代理理论、管家理论、社会情感财富框架和制度理论。

（1）代理理论与管家理论。

这是两种对立的基本假设，从代理理论的视角出发，家族企业是控股家族进行利益最大化的工具，特别是家族成员担任管理层代理其他股东进行公司的日常生产经营管理时，将严重影响公司战略的选择。Bloom 和 Van Reenen（2006）认为，控股家族为了能够长久地控制企业，保持一种稳定的传承性而选择规避市场风险，以至于他们在战略选择上比别的企业更加保守。从管家理论的视角出发，控股家族更加注重家族企业的延续性（Continuity），不会为了自身利益侵害其他股东的利益，因此控股家族更加关注员工亲和性和顾客持久性，Miller 等（2008）的研究结果便证明了此观点。

（2）社会情感财富框架。

Gomez－Mejia 等（2007）提出"社会情感财富"（Socio－Emotional Wealth，SEW）的概念，将其理解为控股家族为实现自身非经济目标中所得到的情感效用，他们认为控股家族在进行战略决策时主要考虑的因素是社会情感财富的得失（Gomez－Mejia et al.，2011）。国外学者研究发现，家族企业的控股家族通常会选择较少的多元化发展战略（Gomez－Mejia et al.，2010）、进行较少的研发投入（Chrisman & Patel，2012；Gomez－Mejia et al.，2014）以获取对企业的长久控制，尽量避免采取稀释公司控制权的行为。国内方面，朱沆等（2016）研究指出社会情感财富会对家族企业有抑制作用，但该类现象仅限定在约束型的社会情感财富中，而延伸型的社会情感财富却会促进家族企业的创新投入。

（3）制度理论。

近年来，有部分学者逐渐将制度理论应用在家族企业战略管理领域，试图从企业应对制度压力和合法性构建等维度来解释家族企业的行为，拓宽了家族企业的战略研究内容。Berrone 等（2010）认为上市家族企业会采取更高标准的环保战略来减轻外部投资者所带来的制度压力；Miller 等（2011）研究表明家族企业由于受到长期以来的家族逻辑影响，更倾向于采取保守的战略选择，但如果家族企业是单一创始人控制，其创业逻辑会促使家族企业选择扩张的战略。Miller 等（2013a）指出，上市的家族企业更偏向于采取符合行业规范的趋同性行为来保持其家族控制的合法性，这主要是为了回应其对追求家族利益的质疑。李新春等（2015）认为，家族企业的二代继承者更多情况下是在其他领域开发，而不是在原有领域深耕。

三、战略变革对企业绩效的影响

目前，国内外学者对战略变革与企业绩效的影响研究相对比较丰富，也有相对成熟的研究方法，但是对于两者之间的关系研究结果并未达成一致。有的学者认为战略变革可以有效促进企业绩效的提升，因为通过战略变革可以更好地适应外部环境的发展变化（Keil et al.，2007；Jauch et al.，1980；Firth et al.，2006），但是部分学者则研究得出不同的结论，他们认为战略变革不利于提升企业绩效，战略变革所需的资源超出了企业自身资源和能力的限制时，就会抑制企业绩效（周建等，2008；Child，1972）。部分学者对出现两种不同结果的原因做出解释，他们认为战略变革的程度和类型不同对企业绩效的影响作用是不同的（尚航标和李卫宁等，2015；Miller & Chen，2004；Milliken & Lant，1991）。其中，国内外学者研究发现纵向的持续性企业战略变革对企业绩效产生显著影响，连燕玲等（2015）认为战略持续性与组织绩效存在一种倒"U"形关系，即适度的战略持续性能促进组织绩效的提高，但过高的战略持续性则会抑制组织绩效的提升。对战略可持续性和企业绩效的关系也存在多种观点，诸如认为二者存在正相关关系的"资源观"、二者存在负相关关系的"惰性观"和只有在组织结构惯性强的情况下的战略变革才对企业绩效有正向作用的"门槛效应"（刘海建等，2009），以及可能战略可持续性与企业绩效的作用机制存在边界条件等。

第四节　企业绩效文献综述

一、企业绩效的含义

不同类别的实证研究都对企业绩效有不一样的概念规范，国外的部分学者认为企业绩效有三个具有关联性的组成部分，其中包括财务绩效、商业绩效（包括财务绩效和作业绩效）、组织绩效（包括财务绩效、商业绩效和为满足企业利益相关者目标协调组织内外冲突的绩效）。国内一些学者认为绩效是企业管理者的能力和他的风险承担及产品研发、技术创新能力偏好倾向性、统筹全局的眼光战略等的综合素质的体现。此外，还有部分学者认为企业绩效一般情况下可分为市场绩效和财务绩效，市场绩效指与股票市场价值具有相关性的部分指标。企业绩效则被理解为是企业在一定区间内，通过开展经营性活动所得到的经营成果。而财务绩效则包括盈利能力、偿债能力、资产运营能力等方面。

二、企业绩效的维度划分

企业绩效的组成部分包括两个方面：企业运营绩效和经营者效益。反映企业运营绩效的指标包括企业的资产运营能力、盈利能力、流动性水平、偿债能力；企业的发展状况则是判断企业经营者业绩的重要依据。

通过整理近几年与企业绩效评价相关的文献发现在评价企业绩效的重要指标中均包含财务指标与非财务指标，财务绩效指标反映的重点是企业的产出，如每股收益（EPS）、投资收益率（ROI）、现金流和净利润等，非财务因素主要关注对生产和运作过程的影响，主要包括市场份额、客户满意度、有效使用研发投入、效率和质量等指标。近期学者们更加倾向于使用非财务指标以衡量企业绩效（Dess & Robinson，1984；Dess & Lumpkin，1996；Kaplan & Norton，1996；Simons，1990）。

除单维度的指标外，还有一些学者提倡多维度与多层面的绩效概念（Venkatraman & Ranujiam，1986）。Lumpkin 和 Dess（1996）认为，应该在传统会计指标（销售增长率、投资回报率等）上，加以其他因素，形成完整的、系统的、全面的绩效指标体系。

还有的学者认为企业的成长性也是衡量企业绩效的一个重要指标（Brown & Butle，1995），它比单纯的财务指标更能全面反映整体的经营状况。Wiklund 等（2003）认为，企业创业阶段积累的获利潜力也应是企业绩效的考核指标，作为生存指标来衡量企业绩效，这一阶段为企业的盈利建设期，投入大于产出，使用财务指标衡量无意义，因此可使用动态的生存或成长性指标来对其进行衡量。还有学者认为企业生存绩效需要将企业现有及未来可能的生命周期评价纳入考虑因素，如以持续经营 8 年以上的可能性大小对企业的生存绩效进行衡量（Ciavarella，2004）。

综上所述，单一绩效考核指标已然不能满足全面绩效考核需求，在学术界已经出现了多层级多方面绩效指标衡量企业绩效的研究。文献整理时发现，财务绩效指标对成熟型企业绩效的衡量不可或缺，均存在于各学者有关企业绩效的研究中，所以对于此阶段的企业绩效的衡量应重点考虑财务绩效指标，企业绩效关键性指标见表2.7。

表 2.7　企业绩效关键性指标

学者	提出时间	划分维度
Venkatraman 和 Ramanujam	1986 年	财务绩效、营运绩效、组织效能绩效
Zahra	1995 年	成长性与获利性
Lumpkin 和 Dess	1996 年	财务绩效、成长绩效
Venkataraman	1997 年	经济绩效、成长绩效
Antonicic 和 Hisrich	2001 年	绝对成长、相对成长、绝对获利、相对获利
Ireland 等	2003 年	成长绩效、财务绩效
Bosch、Wijk 和 Volberda	2003 年	财务绩效、成长绩效、创新绩效
沈超红和罗亮	2006 年	财务、顾客、内部经营、员工
李蓉	2007 年	财务绩效、非财务绩效

资料来源：根据相关文献整理。

三、企业绩效的测量

对于组织绩效的测量方式，现有研究主要分为以下两类：一是财务指标与非财务指标；二是主观测量与客观测量。

（一）财务指标与非财务指标

财务指标是反映企业绩效的重要指标，可以反映出企业的经济目标实现的程度，是研究企业绩效的主导模型（Hofer，1983），包括利润率、每股收益、销售增长率、总资产收益率、净资产收益率等指标，因这些指标比较容易获得而被学者们广泛应用。虽然财务指标比较容易获得，但是并不能反映企业所有方面的绩效，此外，还需引入非财务指标，如产品质量、新产品引进、市场份额、技术绩效等，非财务指标可以有效弥补财务指标的片面性，使得衡量企业绩效更加全面化和科学化，但是非财务指标的获取相对比较困难。

（二）主观测量与客观测量

对企业绩效的主观测量是指通过询问企业中的关键人物对绩效的看法，从而得出对企业潜在绩效的看法。主观测量可以分为完全主观测量和代替客观测量（类似客观）（Richard et al.，2009）（见表2.8）。通过询问企业绩效本身的做法并不是主观评价客观指标，完全主观是解决潜在企业绩效构念的问题，例如，通过询问被调查者自身企业绩效与同行业竞争对手的比较，或者与自身期望值的比较，然后用李克特量表的形式体现；类似客观测量是指使用原始数据来测量客观指标而非使用二手数据，例如通过询问销售人员得知企业的销售收入或销售数量、询问 CEO 评估的企业是市场价值。

表 2.8 企业绩效的测量

测量方式	测量内容
主观测量	完全主观：通过询问绩效概念，使研究者直接解决潜在绩效构念的问题
	类似客观：用原始数据而非二手数据来测量客观指标
客观测量	利用客观数据测量绩效，主要是财务数据

资料来源：根据相关文献整理。

第五节 国内外文献述评

总的来看，现有的制度逻辑研究主要集中在对政府逻辑、市场逻辑对组织行为的影响，强调政府逻辑与市场逻辑存在竞争与互补的关系，共同影响企业的战略决策。但是，中国情境下以家族企业为载体，政府逻辑、市场逻辑和家族逻辑的多元逻辑共存对家族企业战略行为及绩效的影响的研究并不多见。

第一，首先从战略变革的解释理论来看，很多学者没有考虑社会背景对战略变革的影响，特别是社会文化、价值观等因素。其次有极少数学者认为多元制度逻辑产生的冲突是战略变革发生的重要原因（Thornton，2002），他们虽然关注到了制度逻辑对于战略变革的影响，但是并未真正将多元制度逻辑对企业战略的影响分别进行细化研究，且应用的主体并未单独聚焦到家族企业，也缺少相应的实证研究，还具有广阔的发展空间。家族企业作为一种特殊的组织形式，不仅受市场逻辑的影响，还受家族逻辑的影响（Jaskiewicz et al.，2016；Reay et al.，2015），同时在中国情境下，家族企业也受到政府逻辑的影响。那么，多元制度逻辑的存在会导致战略变革的方向和程度出现何种特征？不同的战略变革特征能够给企业带来怎样的绩效？亟待通过对以上问题的解答揭开制度逻辑影响企业绩效的"黑箱"。

第二，对于家族企业的研究，多数是家族企业与非家族企业的对比研究，基于这样的一种二分法，前提是将家族企业视为同质化的实体（Chua et al.，2012），但实际上家族企业并不是完全同质化的群体，虽然都是家族企业，但由于家族成员控股权、家族人数等不一致因素，导致了即使同样是家族企业也会存在异质性（Chuaetal，2012）。随着研究的不断深入，有些学者甚至指出家族企业之间的差距可能比家族和非家族企业之间的差异还大（Chrisman et al.，2013；Melin & Nordqvist，2007）。因此，忽略家族企业的异质性来研究家族企业战略难以真实了解家族控制对于企业战略的影响，难以清楚了解在不同制度逻辑下家族战略变革对绩效的影响，也不利于理论的进一步发展。

第三，战略变革的研究维度已有非常成熟的划分，并且部分维度与企业绩效关系的研究已经非常成熟，但从战略变革—持续性和战略变革—趋同性两个维度研究与企业绩效关系的文献较少。战略持续是指企业维持家族传统的战略思想的组织实践（Kieser，1989），是一种长期积累、习惯的决策偏好（Nordqvist，2005；Sirmon et al.，2008）；战略趋同是企业为应对外部利益相关者的质疑所构建合法性的主要手段（Deephouse，1996；Westphal et al.，1997）。家族企业与非家族企业间在战略行为和企业绩效上的差异许多学者均已证实（Luo & Chung，2013；Miller et al.，2011），但家族企业之间这两种重要的战略变革特征的差异性和企业绩效的关系不可回避，故多元制度逻辑影响下家族企业之间的战略变革行为与企业绩效的关系值得更加深入的研究，对丰富家族企业战略理论和企业绩效的研究具有重要意义。

第四，对于家族企业绩效的研究，更多的是研究单一变量对其的影响，很少有学者将制度逻辑、战略变革、CEO特征和组织冗余作为一个整体，探究组合影响企业绩效的路径。然而在中国转型经济的复杂环境下，家族企业面对多元制度逻辑且不同的战略响应，同时CEO特征、组织冗余也会影响企业的战略变革进而影响绩效水平，将变量之间割裂，单独研究变量与企业绩效的相关性，说服力不足，可探索将多种因素作为影响企业绩效的前因条件，用模糊集定性比较分析的方法进行系统性分析，完成影响绩效的组合路径探索。

本章小结

本章首先对家族企业进行详细定义，其次对制度逻辑、战略变革和企业绩效进行了文献回顾，最后对国内外文献进行述评，希冀找寻到研究的切入点，梳理出研究的脉络，为本书奠定坚实的文献基础。

第三章　理论基础

战略管理领域中的基本议题之一是"企业决策行为究竟是如何展开的"（Teece et al.，1994），研究者们提出了不同的理论视角和观点，大致可以归类为两个方面：一是环境决定论，认为企业决策行为是由于企业所嵌入的环境决定的，如制度环境、产业环境等，支持这一观点的代表性理论主要包括制度理论、产业基础观和权变理论等；二是意志决定论，主张企业决策行为是高层管理者发挥主观能动性进行理性选择的产物，这一观点以高阶理论最具代表性。基于本研究主题，以制度理论、战略变革理论、高阶理论和构型理论作为主要理论基础。

第一节　制度理论

制度理论是解释组织变革和其绩效结果的主要理论基础，Thornton 和 Ocasio（2008）认为必须基于个体和组织所处的制度情境来理解其行为。制度理论的发展经过新制度理论和制度逻辑理论两个阶段，本节将做具体介绍。

一、新制度理论

新制度理论认为，组织的场域中存在一种起主导作用的制度逻辑，这种主导制度逻辑（Dominant Institutional Logic）被 Prahalad 和 Bettis（1986）定义为用来描述控制组织行为的假设集合，为组织提供方向感和适当性。同种制度逻辑对组织的场域具有同构效应，为了获得合法性，组织会呈现行为同质化倾向（Stinchcombe，1965）。因此，新制度理论为解释组织的合法化行为提供理论视角，也解释了制度同构导致组织行为趋同化的机理（DiMaggio & Powell，1983），其试图回答的关键问题是如今时代为什么各类组织结构越来越相似，新制度主义学派对此的解释逻辑是"合法性"问题。合法性的核心思想是将制度作为压力因素对社会各种组织施以强大的约束力，规范个体和组织的行为，包括对企业战略行为的约束。换言之，组织为了应对外部的制度环境压力，通常采取与行业惯例趋同的组织形式和做法，即使这种做法会导致企业的低效率运行也仍会采用。新制度理论中最重要的解释逻辑是合法性机制，在组织社会学中具有核心概念的地位，合法性是组织的隐形资源，对合法性的操控能够影响组织获取关键资源的能力（Higgins & Gulati，2006；Cohen & Dean，2005）。

新制度主义流派的发展分为三个阶段：第一阶段，以 Meyer 和 Rowan（1977）的研究作为典型代表，为组织行为动机从单一动机变为双重动机的研究做出贡献，即提出组织不仅以"效率机制"作为组织行为的驱动因素，而且为求得生存和发展追求合法性，进而导致了组织间的"制度化同构"，其研究结果不仅为组织活动提供了合理的解释，而且引入外部评价标准，组织表现出外部的信誉和价值的同时内外关系均得到稳定，从而免受环境的冲击影响。

第二阶段，DiMaggio 和 Powell（1983）的研究使新制度主义得到进一步的发展，与 Meyer 和 Rowan（1977）的研究相比，其研究聚焦影响组织场域的层次，提出导致制度同构的三个机制，即强制同构机制、模仿同构机制和规范同构机制（见表3.1）。新制度理论认为，强制、模仿和规范这三个机制导致了组织结构和行为的趋同性，也就是说，基于"有限理性"的前提，在不确定条件下组织无法准确预测未来环境变化，只能通过模仿成功的组织结构或行为模式来降低不确定性，这种快速跟进的趋同关系到组织的绩效和成长。

表 3.1　制度同构的三个机制

同构机制	具体表现
强制同构机制（Coercive Isomorphism）	制度环境通过政府法令或法律制度强迫组织接受相关制度
模仿同构机制（Mimetic Isomorphism）	单个组织模仿同场域中成功组织对结构、技术等问题的解决方案
规范同构机制（Normative Isomorphism）	组织或个人所扮演的角色或行为受到社会规范的约束作用

资料来源：根据相关文献整理。

第三阶段，在 DiMaggio 和 Powell（1983）的研究基础上，Scott（1995）的研究对新制度主义的理论成果进行整合，并对制度框架进行扩展，提出"规制性""规范性"和"文化—认知性"三大要素作为制度的三大支柱，该研究扩大了制度的影响层次，即制度可以在多维度上发生变化，而且有其变化的特定原因。制度框架之一的规制性要素将法律制度作为合法性基础，规制性规则作为秩序基础，企业的权宜性应作为遵守基础；规范性要素将道德支配作为合法性基础，约束性期待作为秩序基础，企业的社会责任作为遵守基础；文化—认知性要素将文化支持作为合法性基础，建构性图示作为秩序基础，企业将理所应当、共同认可的价值观作为遵守基础。经过 DiMaggio 和 Powell（1983）、Scott（1995）的研究后，传统的新制度理论得到进一步深化发展（见表 3.2）。

表 3.2　新制度理论学派的新发展

发展方向	具体表现	代表人物
研究深度	从理论构建向实证研究转变，从单个组织向组织之间和组织内的各个层次转变；从组织结构同构向战略行为的趋同转变	Deephouse（1999）；Westphal 等（1997）；Miller 和 Chen（1996）
研究范式	解释组织同构问题的合法性机制和效率机制开始融合	Tolbert 和 Zucker（1983）
研究角度	从制度单向影响组织，转变为组织行为对制度变迁的影响，衍生出制度创业等主题	DiMaggio（1988）；Christensen 等（1997）；Maguire 等（2004）

资料来源：根据相关文献整理。

新制度理论认为，制度不仅在宏观分析层面起作用，而且在微观层面运作（Meyer et al.，2009；Scott，2005）。制度塑造了如何在特定行业或特定地区开展业务的价值观和观念（Wicks，2001），同时塑造了诸如创新和若干商业惯例等关键活动（McCloskey，1994，2010）。

二、制度逻辑理论

制度逻辑和制度多元性理论与传统新制度理论的解释逻辑不同，传统新制度理论聚焦在单一制度主导的逻辑塑造组织行为的观点不同，制度逻辑理论强调同一组织场域内存在不同的制度逻辑，即存在不同的"游戏规则"及其合理性，把制度结构与组织实践联系起来考虑，能够解释社会中的组织同质化和组织多样性并存的现象，弥补了新制度理论无法解释组织多样性的缺陷。

Alford 和 Friedland（1985）最先开始研究制度逻辑，他们认为西方社会中资本主义制度、官僚制和民主制之间存在相互矛盾的信念和实践，而这种信念和实践衍生于不同种制度各自所具有的核心逻辑，被 Alford 和 Friedland 用"制度逻辑"概念来具体阐述，不同种制度逻辑给组织提出具有一定时空内相应的经验意义。而后，Friedland 和 Alford（1991）又将西方社会中的潜在的矛盾秩序划分为资本主义市场、科层制政府、民主制、核心家庭和基督教，该多元制度秩序又在 Thornton（2004，2012）的研究中被修正为七种，即市场、企业、职业、家族、宗教、政府和社区。制度逻辑理论的解释逻辑为：组织处于多元制度逻辑中，制度逻辑塑造和决定了组织所处环境中的"游戏规则"以及人们如何看待周边事物的一系列相关假定（Dunn & Jones，2010），制度逻辑赋予个体和组织不同行为以合法性，为其行动提供多元化的策略，并在环境或组织等不同层面发挥作用（见表3.3）。

表3.3　制度逻辑环境层面和组织层面的不同作用

不同层面	具体作用	代表人物
环境层面	制度逻辑是判断组织结构、组织行为合法性高低的重要依据，不断强化组织内外部利益相关者对于组织身份和发展战略的理解和认同	Thornton（2002）
组织层面	制度逻辑引导高层管理者将注意力聚焦在特定问题集合和解决方案上，促使决策者做出合乎逻辑的战略决策	Ocasio（1997）；Thornton 和 Ocasio（1999）

资料来源：根据相关文献整理。

　　制度逻辑理论更加聚焦多元化制度环境，如市场或行业的不同制度逻辑对组织结构和行为的影响（Thornton & Ocasio，2008），且不再强调制度环境的系统性，而认为制度环境是支离破碎的，多种制度逻辑并存以及不同群体之间的利益冲突，导致组织的场域内利益相关者群体难以达成一致，由此制度逻辑的多元性塑造和解释了企业之间的行为差异。制度逻辑理论有五个基本原理和假设：一是嵌入式能动，即结构与行为相互影响，个体和组织寻求身份、利益和权力时使用的手段和结果受到主导逻辑的使能和约束（Thornton & Ocasio，2008），同时个体和组织具有影响制度的能动性；二是交互制度系统，即不同的制度秩序均提供一种核心的制度逻辑，也被称为"高阶逻辑"（Thornton，2002），不同制度逻辑对个体和组织的行为提出不同要求，而个体和组织可以选择遵循不同的制度逻辑从而在组织行为上表现出异质性，也就是说，没有哪种制度逻辑应该被赋予组织结构和行为因果关系解释上的唯一性；三是物质与文化双重要素，Fried 和 Alford（1991）认为，每种制度秩序都具有物质和文化双重要素，Thornton 和 Ocasio（2008）认为，作为制度逻辑重要代表的市场的物质特征直接受文化与社会结构的影响，强调市场机制、技术与资源依赖而忽略社会因素是无法解释个体行为与组织结构的（Fried & Alford，1991）；四是制度的多层次性，制度逻辑理论认为制度可以在社会、组织场域和组织内部多个层次上运行，行为主体则嵌入在各个不同的层次中（Thornton，2012）；五是历史依存性，制度逻辑理论认为不同时期，不同的制度逻辑对于个体和组织行为产生影响的重要性和程度会发生变化，由此能够解释个体和组织行为结构发生变化的深层次原因，同时，制度逻辑作用的发挥特别重视历史情境，制度逻辑并不是绝对的在任何时空条件下均发挥作用，在不同时空和制度背景下，企业活动场域内的制度逻辑间的优先次序决定了企业的具体行为选择，并且企业对不同制度逻辑的回应具有异质性。目前的研究认为，单一某种制度逻辑不能完全主导某个场域，多元制度逻辑同时存在导致持续的竞争冲突关系的存在（Dunn & Jones，2010；Reay & Hinings，2009）。

总之，对于家族企业而言，制度对家族企业的行为具有规范、约束和激励作用，家族企业通过谋求合法性而得以继续生存，并且在复杂多元的制度逻辑影响下，家族企业选择合适的响应行为平衡各方利益，进而取得高绩效发展。

第二节　战略变革理论

一、制度基础观

探讨企业战略发展有三种主要观点（见表3.4），区别于关注外部市场结构异质性的产业基础观（Industry – based View）和关注内部企业异质性资源和能力的资源基础观（Resource – based View），Peng（2009）基于中国转型经济的特殊环境提出了制度基础观（Institution – based View），即制度环境对企业的战略选择具有深刻影响。

表3.4　企业战略决策分析的理论基础

	制度基础观	产业基础观	资源基础观
研究视角	宏观	中观	微观
主要观点	政府管制、文化认知等	五种市场作用力	企业内部资源能力
代表人物	Peng（2009）	Michael Porter	Barney（1991）

资料来源：根据相关文献整理。

制度基础观的提出以制度经济学理论和交易成本经济学理论为基础。制度经济学理论认为，企业的运行镶嵌在一定的社会性的框架内，企业的行为受到框架内社会规范、价值观以及一系列公认的假设前提的驱动、约束和激励，在框架内的经济行为才被认为是恰当的和可接受的（Oliver et al.，1997）。20世纪七八十年代，制度分析的新视角确立了在西方社会科学领域在解释现实问题中的地位，由此形成了新制度主义分析范式。新制度主义的视角认为，组织行为的动机不仅限于效率机制影响下的经济最优化，还应包括合法性机制影响下的社会正当性和社会性义务的诉求。组织利用合法性获取合意的资源使生存能力得以提高，因此组织与社会期望的一致性程度决定了组织的成功和生存（Scott，1995；Oliver，1991）。基于制度的战略框架不仅强调了企业的行为理性及经济合理性，还强调企业战略的适应性和惯例作用等方面，制度能为研究者更深入地理解组织的结构、行为模式提供理论视角，探索组织与所处特定的社会情境脉络之间的内在关联。

战略理论最主要的支柱之一是交易成本经济学（Wright et al.，2005）。Williamson（1975）通过开创性地研究企业有效边界问题，使人们可以洞悉不同组织形式的效率特性，建立起企业的战略理论与交易成本理论之间的桥梁。交易成本可以用来比较市场与科层组织结构效率，还可以据此观察企业内部组织结构及各种战略决策与行动（Williamson，1985）。所以，在制度基础观中，交易成本理论用来讨论和解释企业的战略选择问题。交易成本视角中战略研究的核心问题是：组织如何通过制度安排来减少交易成本以获得价值，通过对交易成本的分析以避免机会主义和不确定性。因为交易成本的存在，制度不再是背景条件，而是作为直接决定企业战略和绩效的重要变量。

二、资源基础观

资源基础观（Resource – Based View）的思想起源于 Chamberlin（1933）和 Kaldor（1934）的早期经济模型，他们首先认识到组织特定的资源对企业成功的重要性，随后 Penrose（1959）、Demsetz（1973）、Wernerfelt（1984）和 Barney（1991）等对该理论的发展做出了重大贡献，该理论从资源和能力视角系统阐释了企业的异质性资源和能力对战略变革产生的影响。

战略的资源基础观认为，差异化战略的形成是由于企业拥有独特的异质性资源和能力的集合（Hillman，2000，2003），企业拥有和控制的有价值的、稀缺的、难以模仿和不可替代的异质性资源成为企业竞争优势的重要来源（Barney，1991）。资源既包括一般性的土地、劳动力和技术资源，也包括难以从市场上直接获得的管理能力品牌资产、商业机密以及关系资源。尽管学者们对资源的界定和分类存在分歧，但是不难看出几乎涵盖了企业战略行为可资利用的所有资源以及企业生产经营的各个环节。然而，对于企业资源的列举仍然不能完全触及企业的竞争优势，资源基础观认为一个企业能够获取利润并不仅仅因为它拥有好的资源，还因为其拥有能够更好地利用资源的独特能力。正如Grant（1991）指出，众多资源的合作和协调保障了企业正常生产活动，而能力就是指能够组合资源来完成某项特定任务或活动的组织流程和手段。一是对企业中各种资源要素进行优化使用而形成的资源整体；二是体现在一组互补的资产和独特技能的组合（Suarez & Lanzolla，2005），利用企业独特的核心能力对企业主导性资源的抢先开发能够使企业获得短期竞争优势。在研究中，学者们往往将资源和能力一同视为企业的资源，作为企业制定和执行战略的基础。

需要注意的是，在转型经济背景下企业同政府之间的关系资源作为一种独特竞争优势来源尤其不容忽视。例如，Park 和 Luo（2001）指出，在转型经济体中市场信息被严重打乱，因此企业构建的关系网络成为可靠的消息来源，企业依据关系网络提供的资源能更好地进行战略决策。更具体地，邹国庆等（2010）发现政企间关系在制度转型初期发挥主导作用，通过有效地降低交易费用和传递组织合法性来促进企业绩效增长。此外，企业的供应链管理能力、企业家的关系管理能力（如政治能力、制度创业能力）也将成为企业关键的能力之一，例如在我国限制性行业发展初期，政府尚未就某些行业对民营资本完全放开准入，此时一部分民营企业家发挥制度创新能力，通过不断的政治战略影响相关权力机关，进而率先获取经营牌照并且不断占据该行业的优势地位。

从以往学者们对资源基础观的理论应用文献来看，资源和能力对战略变革的影响是"双刃剑"，主要体现在保障和制约两个方面。一方面，以 Barney（1991）为代表的学者认为组织中构建、维持和利用有价值的资源会对企业的战略选择起到重要作用，从资源基础观的角度来看，不可替代的特殊资源对未来的战略价值具有较高程度的不确定性，企业重点应把目标转向通过已有资源的重新配置，促进组织快速适应制度环境变化，来影响企业的战略变革特征，从而影响企业的绩效水平（Uhlenbruck et al.，2003；Zajac et al.，2000；Zajac & Kraatz，1993）。另一方面，有些学者认为组织资源和能力会阻碍战略变革的发生，尤其是企业过去发展过程中累积的资源容易形成组织惯性，此类资源被视为"组织冗余"（Cyert & March，1963；Singh，1986）。组织冗余的存在一是成为组织与环境的缓冲，形成环境防御机制，但会让组织变得比较被动，减弱适应环境变化的能力和降低效率（Kraatz & Zajac，2001），从而阻碍企业发起战略变革，此时形成的战略延续性可以看作是"组织承诺"（Ghemawat，1991；Selznick，1957）；二是通过降低外部环境和组织之间的耦合度，削弱了组织决策者对于外部环境变化的敏感度，从而限制战略变革行为的发生。

所以，根据资源基础观，家族企业拥有的异质性资源和能力会对战略变革行为产生影响，进而产生不同的绩效。同时，各位学者对组织冗余资源对战略变革的影响作用结果不能统一，需要结合制度因素进一步讨论。

第三节　高阶理论

高阶理论（Upper Echelons Theory）的核心是，高层管理人员会对其所处情境做出高度个性化的诠释，并以此指导战略行动，即高层管理人员把自身的经验、性格和价值观等特征注入战略行为（Hambrick，2007），因而组织成为高层管理人员的个性化反映，高层管理人员决定了公司的命运，他们的背景特征（如任期、教育和职能背景）对其所面临的刺激起到了过滤和扭曲的作用（Hambrick & Mason，1984）。大量的研究提供证据表明高层管理者的心智模式（Mindset）具有异质性并且影响企业的战略选择（Gary et al.，2012）。还有很多学者认为针对不同制度逻辑压力来源，由于企业高层管理人员的认知和注意力分配的不同而采取了不同的"优先"处理方式来解决问题（Cummings et al.，2011；Sullivan，2010；Julian et al.，2008）。Lederan 等（2011）对 121 位罗马尼亚创业者进行访谈，探讨了创业者的认知图示对企业战略行为的影响。管理者的认知特征对企业战略行为具有非常大的影响，尤其是管理者的因果逻辑又是战略决策制定、解释以及传播的基础（Fisk & Taylor，1991；Nadkarni & Barr，2008）。

高阶理论关注高层管理人员异质性的特征对企业战略行为和绩效的影响。高阶理论模型中的关键调节变量是"自由裁量权"（Latitude of Actions），即高管在与组织利益相关者之间就行为的合理性进行动态博弈中形成的行为空间（Hambrick & Finkelstein，1987）。这一变量的引入调和了两个极为对立的观点，即高层管理人员对组织绩效"影响不大"与"关系巨大"。而高层管理人员的真正影响大小取决于其究竟有多少自主权，或是行动的自由范围，并且高层管理人员的"自由裁量权"增强了高层管理人员的特征（价值、经验等）与组织绩效之间的关系（Hambrick & Finkelstein, 1987）。

高阶理论是基于有限理性假设建立的，从信息处理理论的视角来看，该理论提供了一种系统诠释高层管理人员如何在有限理性的情况下采取行动，即高层管理人员面对存在于组织内外的无数事件、趋势和条件，这种情境所包含现象的数量远远超出管理人员所能够领会的范围，高层管理人员面对这些情境采用由相互交织的心理特征（包括个性和价值观）以及可观测到的经验（如年龄、教育经历和职能背景）所组成的"高层取向"，以该取向为基础，通过三个步骤（受限的洞察力、选择性认知、解释）的信息筛选过程，最终产生出高度个性化的"被诠释的现实"。

高阶理论中提到的"高层管理人员"通常被认为是一个团队，团队相比于高管个人（CEO）的决策质量更高，Hambrick（1993）认为高管团队的研究包括其结构、组成、动机和过程。然而，高管团队发挥作用或影响力的程度不一，导致许多研究结论不一，因此为了提高预测力，有的学者引入高管团队的行动一致性和管理者的自主权作为调节变量。而且，本书以中国家族企业为研究对象，家族企业的战略选择一般是由最高管理者（CEO）决定的（Wei & Ling, 2015），所以本书关注家族企业 CEO 的个人特征对企业战略的影响。

第四节　构型理论

构型理论（Configuration Theory）源于 Miller 和 Friesen（1984）提出的构型方法（Configurational Approach），该方法有两个关键概念：多维度（Multidimensionality of Variables）和构型拟合（Configurational Fit）（Venkatraman, 1989）。D. Miller（1987）在对组织（如企业）构型的定义中，使用术语模式、形态和原型来描述各种元素之间系统的、交互的联系及相互影响。以企业为例，描述了战略、结构、环境和个性（领导）的要素。Mintzberg（1990）在此基础上提出组织构型理论，认为企业拥有由组织环境、结构、战略及领导组成的类似的组织属性组合（Profile）。国际顶级管理学术期刊 AMJ（*Academy of Management Journal*）曾在 1993 年的专刊中指出了构型理论的重要价值，探讨构型的不同形态与其绩效的关系。

构型理论中有形态（Configuration）和转型（Transformation）两个要素

（Mintzberg，1990）。形态指组织与其所处环境脉络的状态，其核心假设是辨识能够展示企业群组独特性与内部一致性的构型组合，以对组织现象做良好的阐释；在外部环境系统相同的情况下，不同的组织构型可能会产生殊途同归的组织效能，即构型理论的等终性假设（the Equifinality Assumption），即一个系统通过不同的初始条件和不同的路径可以达到相同的最终状态（Katz & Kahn，1978），是构型理论的核心假设之一。另外，使组织和环境适配（Fit）以维持生存是组织变革的目的，而且组织构型（Organizational Configuration）会随着环境改变由组织自行调整来适应，此为核心假设之二。构型理论中，组织被认为是复杂的社会集合体，受多因素影响，因此，构型适配属于"多构面"的观念，有必要全面地检视组织的各个构面，全方位地了解组织变革的内容。

构型理论是权变理论（Contingency Theory）的拓展和延伸。权变理论将环境变量视为自变量，组织变量视为因变量，认为组织的某些结构变量与某些环境变量之间存在某种线性关系。但权变理论没能很好地说明组织如何实施变革的路径和程序，认为权变理论的研究方式过于简化（Miller，1996）。构型理论试图弥补权变理论的缺陷，促使构型对组织现实有更完整且逼真的描述。

构型理论认为，结果的产生不是单一因素发挥的作用，而是源于一系列因素的组合作用，所以应重点关注运用条件构型来解释因果机制（Fiss，2007）。构型理论在资源基础观的理论普及下开始兴起，除了在战略（Barney，1991；Chadvick et al.，2015）、商业模式（Baden – Fuller & Mangematin，2013）等研究方面适用，还在组织设计（Rivkin & Siggelkow，2003）、制度逻辑（Thornton et al.，2012）和创业（Korunka et al.，2003；Wiklund & Shepherd，2005）等方面应用广泛。组织由一些共同的主题形成种类有限的类别特征（Meyer et al.，1993；Miller & Friesen，1984；Short et al.，2008）。

模糊集定性比较分析（fsQCA）方法特别适用于测试构型理论，因为它们明确地将案例概念化为属性的组合，并强调正是这些组合赋予案例其独特性（Fiss，2011），Grackamer 等（2018）认为用定性比较分析方法研究构型理论是战略和组织研究的最佳实践。很多学者在组织环境中应用 fsQCA 的方法进行研究（见表 3.5），例如，Bakker 等（2011）、Crilly 等（2012）、Fiss（2007，2008）、Greckhamer（2008，2011，2018）、Kogut 等（2004）、Marx（2006）、Pajunen（2008）、Schneider 和 Wagemann（2009）。故本书依据构型理论，借助 fsQCA 的技术方法，从系统的视角出发，关注制度因素、组织因素、个体因素的组合形态能否以及如何提高家族企业绩效。

表 3.5 fsQCA 在管理学界的主要应用及代表文献

研究领域	代表研究	主要研究主题和发现
战略管理	Fiss（2011）；Crilly 等（2012）；Freitas 等（2011）；Ordanini 和 Maglio（2009）	基于 Miles 和 Snow 的战略类型理论得出引致超高绩效、高绩效和非高绩效的战略组合；面临单一方面压力的公司采取弱势策略的情景检验；导致基于学术新技术建立的新公司引致不同绩效的不同原因组合；使新服务发展最大化的充分条件组合构型
组织设计	Ganter 和 Hecker（2014）；Chung（2011）	探究组织创新的实施路径，大规模、产品创新和程序创新是高度创新的必要条件，而外部知识获得和内部知识储备可以互相替代
创业管理	Chandra Balodi 和 Prabhu 等（2014）；Kask 和 Linton（2013）	印度和英国高技术公司产生高绩效的路径不同；市场地位、管理方式和发明特点三种条件的不同组合都可以建立成功的商业伙伴关系
创新管理	Peltoniemi（2014）；Cheng 等（2013）	产业生命周期的不同阶段的经验和创新对企业存续的影响；导致产品创新成功的组织、项目程序、产品、市场等前因条件的多种组合路径

资料来源：根据相关文献整理。

综合以上理论，可以发现家族企业的多元制度逻辑、战略变革和企业绩效存在一定的因果关系，战略变革受多方面因素的驱动：一是来源于市场逻辑下规则和效率的引导；二是来自于政府逻辑规制和合法性的作用；三是来自于家族逻辑特有目标的影响。表现为战略变革—持续性和战略变革—趋同性两方面特征，带来不同的绩效水平。此外，管理者的个性特征和自由裁量权的大小也是战略变革需要考虑的影响因素。因此，本书基于上述理论基础构建了概念框架，将在下文具体阐述。

本章小结

本章介绍了本书赖以存在的理论基础，包括制度理论、战略变革理论、高阶理论和构型理论等内容，并重点从新制度理论和制度逻辑理论介绍了制度理论的主要内容，从制度基础观、资源基础观介绍了战略变革理论；在战略管理中引入构型理论，旨在为后续 fsQCA 方法的引入做好铺垫，为后续研究打下坚实的理论基础。

第四章 变量测量与模型构建

第一节 变量的界定与测量

一、制度逻辑的界定与测量

（一）制度逻辑的界定

自 1991 年制度逻辑被引入组织行为学的研究领域以来，许多研究者从不同的层面对制度逻辑进行持续的研究，如场域层面（Thornton & Ocasio，2008）、组织层面（Thornton，2012）和个人层面（Wricks，2000）。制度逻辑已然成为组织研究领域的热点词汇。现有研究已经在概念内涵上达成初步共识，即制度逻辑是指导个体和组织行为的基本规则，主要指在场域中的符号系统和实践活动（Scott，1995），包括假设、价值观和信仰，个人和组织通过其赋予日常活动的意义，规划时间和空间，再现个人和组织的制度传记（Institutional Biography），并由社会来建构的文化符号系统和物质实践的历史经验模式（Thornton & Ocasio，1999），这种文化符号、认知图式、规范期望塑造了制度行动者行为的物质实践模式（Jones et al. ，2013）。简言之，制度逻辑能够解释组织现实，并能指导组织获得行为上的合法性，指导企业如何获取成功（Thornton，2012）。因为本书认为 Jones 等（2013）的研究聚焦社会层次和强调塑造行为的角度对制度逻辑的定义更有利于多元化分类，与企业战略行为联系紧密，故采用 Jones 等（2013）的定义作为本研究制度逻辑的含义，即制度逻辑是社会建构的文化符号、认知图式、规范期望和塑造制度行动者行为的物质实践模式。

处于转型经济的中国情境下，两大主导逻辑并存。1978 年改革开放之前，计划经济是国家经济的主体，资源通过国家计划体系配置，此时政府逻辑占主导地位。随着改革开放后市场经济体制的进入和逐步健全，从计划经济体制为主、市场经济为辅发展到如今的社会主义市场经济体制较长时间的演化过程中，政府逻辑一直与市场逻辑共同作用，虽然党的十八届三中全会进一步明确以市场作为资源配置的主要手段，但由于制度的路径依赖（North，1991）和防范经济失灵的原因，政府逻辑在某些领域的作用依然明显。

政府逻辑的产生源于以萨缪尔森和凯恩斯为首的新古典综合经济学派，强调国家的重要调控作用，以凯恩斯的国家干预政策为例，其以稳定经济为目标依靠国家的干预来刺激有效需求，保证整个社会充分就业；强调财政政策对稳定经济具有重要作用（Keynes，1936）。因此，政府逻辑是指政府通过制定一系列法律法规的规制和政策来制约和引导个体和企业的行为和认知，核心是以合法性机制为基础来影响企业的战略行为，以关系契约的报酬结构来影响企业绩效。政府逻辑进一步可以划分为强制性政策和诱导性政策（林毅夫，1991）。强制性政策指强制或限制个人和组织从事特定活动的规制，如对企业提出污染物排放标准或生产质量标准的要求，限制企业的不合法行为，突出约束性和强迫性；而诱导性政策是指引诱使个人和组织做出相应决策以实现既定目标的规制，如对企业实施的税收优惠政策，突出规范性。

市场逻辑源于哈耶克的自发秩序理论，哈耶克的社会理论从"市场秩序"到"自发秩序观"再到"自发秩序理论"的逐步完善过程中，均强调规则的核心作用。而且，哈耶克认为经济供需平衡是由市场经济的自发资源配置的作用实现的（Hayek，1944）。所以市场逻辑指市场中的供应商、消费者和竞争者等利益主体通过市场的自由竞争，形成一系列形塑企业的行为和认知的规则和规范，核心是以效率机制来影响企业的战略行为，以市场规则契约的报酬结构来影响企业绩效，属于社会层面的制度逻辑。

家族逻辑是强调忠诚、互惠、利他主义、亲密人际关系和培养基于信任的网络等价值规范，属于社会和组织层面的制度逻辑（Miller et al.，2011；Thornton et al.，2012）。Thornton（2004）认为家族企业既是一种组织形式，也是一种身份象征，家族的声誉、荣誉和安全是企业组织规范和战略的基础。Miller 等（2011）研究表明，在以背景、角色身份为特征的家族逻辑的驱动下，家族企业寻求稳定的现金流和偏好最小化风险投资，促进现金持有量，冗余利润分发给家庭成员而不是用来再生产。他们发现，家族企业的战略是由家族价值观和目标形成的，这些价值观和目标有利于为家族成员提供稳定、有保障的收入和职业，以及维护家庭的控制权。家族逻辑也在中小企业中维持着保守的组织策略，并使其合法化，但常常以持续增长、财务收益或外部资源的好处为代价（Miller et al.，2011）。Greenwood 等（2010）发现西班牙的家族企业为其成员提供长久的工作保障，裁员的情况不太可能发生，因为可能会破坏宝贵的家庭关系。Fairclough 和 Micelotta（2013）的研究表明，即使受到很强专业逻辑影响的意大利的家族律师事务所也极不愿意修改他们的业务和专业规范，以适应更大、更多样化和结构化的业务需求。家族企业试图将社会和情感资本置于经济问题之上。家族逻辑是以信任为基础的个人网络，强调忠诚以及尊重和亲属的优先待遇，其核心是情感机制，具有情感制度结构，在此逻辑驱动下的家族企业注重财富的传承、家族企业的稳定和控制权。

（二）制度逻辑的测量

中国转型经济情境下的多元制度逻辑有其特殊的构成，制度逻辑是典型的综合变量，根据本书的主题，应从以下三个角度对其进行测量：

1. 市场逻辑

对于市场逻辑的衡量，不同学者采用了不同的衡量方式，Zhao 和 Lounsbury（2016）用美国传统基金会经济自由指数（Heritage Foundation's Index of Economic Freedom）来衡量市场逻辑，涵盖商业、贸易、产权、投资、金融五个维度；Miller 等（2011）则认为市场逻辑与创新投入密切相关；许辰皓（2017）、李维安（2010）等采用王小鲁、樊纲、余静文《中国分省份市场化指数报告》中"要素市场发育程度"的数据来衡量市场逻辑。其中，最为广泛使用的是市场化指数（蔡安辉，2011；冯旭楠等，2012；Wang & Song，2013）。

由于家族企业处于制度环境当中，因此其行为会受不同制度环境的影响（Kostova & Zaheer，1999）。制度逻辑是一种特定制度环境下的假定和价值标准的集合，是社会建构的文化符号、认知图式、规范期望和塑造制度行动者行为的物质实践模式（Jones et al.，2013），社会中的博弈规则由制度环境决定，制度是人为设计的规则，用来规范和约束社会中人们的互动关系（Scott，1995），所以对制度逻辑的测量离不开制度环境。国内学者对制度环境的测量关键在于市场化程度的测量（李维安，2010），目前最为权威的测量依据为王小鲁和樊纲等编制的《中国分省份市场化指数报告》（王小鲁等，2019）中的市场化指数，所以本书中市场逻辑（Index – Mar）的测量借鉴李维安（2010）、许辰皓（2017）等实证研究的做法，采用王小鲁、樊纲、胡李鹏《中国分省份市场化指数报告》（2019）中"要素市场发育程度"的数据来衡量。

2. 政府逻辑测量

Polsby（1963）、Marquis 和 Lounsbury（2007）主要采用"地域"相关指标来衡量政府逻辑，如"企业的地理集中度""区域民主主义统治的程度""区域政府的产业投入"和"制造业在该区域的重要性"等；Zhao 和 Lounsbury（2016）则使用世界治理指标数据（World Governance Indicators Database）来衡量政府逻辑，涵盖发言权和问责制、政治稳定性、政府效能、监管质量、法治和腐败控制六个维度；许辰皓（2017）、李维安（2010）等采用王小鲁、樊纲、余静文《中国分省份市场化指数报告》中"政府与市场关系"的数据来衡量。

政府主导逻辑将长期在中国家族企业治理中扮演重要的角色，并且每个地区受到政府干预的程度不同，导致政府逻辑的强度不同。本书借鉴许辰皓（2017）、李维安（2010）等实证研究的做法，政府逻辑（Index - Gov）采用王小鲁、樊纲、胡李鹏《中国分省份市场化指数报告》（2019）中"政府与市场关系"的数据来衡量，具体评分规则是政府对经济发展的干预越大，政府与市场关系越差，即政府逻辑越强，得分越低；反之亦然。

3. 家族逻辑测量

家族逻辑是制度逻辑的一种，即为约束组织和个人的价值规范，特点是以"家"的传统观念作为行事准则，在处理社会关系时更注重亲属关系（Kinship）或血缘关系（Kindred），强调忠诚、互惠、利他主义，侧重建立亲密人际关系和培养基于信任的网络等。本研究将家族投票权作为家族逻辑强度的代理变量，借鉴 La Porta（1999）和 Claessens 等（2000）的研究方法，采取实际控制人和上市公司股权关系链条中最弱的一层或最弱一层的总和。该指标是从家族整体角度来分析家族成员中所有实际控制人拥有的上市公司控制权比例；实际控制人为多人时，合并计算。

二、战略变革的界定与测量

（一）战略变革的界定

Mintzberg（1978）在其战略管理理论中提出企业战略是一种重要的决策模式，后续许多学者均支持该主张，他们认为企业可以通过与外部环境不断产生交互作用来促使企业不停地重新进行资源配置，通过重新配置企业战略资源来增加竞争优势。此时企业的不同战略资源维度如何配置、程度如何变化将显得尤为重要，由此企业的战略变革方向和程度对企业获取竞争优势更加重要。自Finkelstein 和 Hambrick（1990）深入研究战略变革以来，后续学者如 Geletkanyca 和 Hambrick（1997）、Zhang 和 Rajagopalan（2010）以及 Zhang（2006）等均使用了关键战略资源的配置在与行业主流企业的差异度和同一企业不同年度之间的变化波动程度来衡量战略变革，并据此将战略变革分为横向的战略变革—趋同性（Strategic Conformity）和纵向的战略变革—持续性（Strategic Persistence）两个维度。

这两个战略变革维度有各自的行为目标和特征，战略持续能够维持家族传统和遗产（Kieser，1989），体现了一种家族逻辑驱动下的决策偏好（Sirmon et al.，2008；Nordqvist，2005），并且战略变革的持续性代表了战略在不同年度间的稳定性；战略趋同行为是企业为了应对外部制度压力、外部利益相关者的质疑而构建合法性的重要手段（Deephouse，1996；Westphal et al.，1997）。战略变革持续性和趋同性的定义在操作上具有可行性，因此被国内外学者广泛应用（连燕玲和贺小刚，2015；Crossland et al.，2014；Tang et al.，2011）。本书从数据的可获得性和操作的简洁性综合考虑，借鉴上述学者对战略变革的定义，从横向和纵向两个维度来衡量战略变革，并在后文回归分析和 fsQCA 实证研究中同样使用该划分方法（见表4.1）。

表 4.1　战略变革持续性和趋同性的界定

维度	概念界定	特征
战略变革—持续性	与自身过去战略相比，是否发生变化及变化的程度	纵向、动态、时间
战略变革—趋同性	与同行业企业一般战略相比，是否有差异及差别程度	横向、静态、空间

资料来源：根据相关文献整理。

（二）战略变革的测量

Finkelstein 和 Hambrick（1990）最早在研究中提出用六个指标衡量战略变革，分别是广告费用比率、研发费用比率、非生产性支出比率、固定资产新颖性、存货水平以及产权比率（见表4.2），该衡量方法也被后续学者广泛采用（Carpenter，2000；Tan et al.，2011；Lamberg et al.，2009；Zhang，2006；Karaevli & Zajac，2013；Crossland et al.，2014）。

表 4.2 战略变革的相关测量指标

序号	指标	具体衡量方式
1	广告费用比率	年度广告投入/年度销售总收入
2	研发费用比率	年度研发投入/年度销售总收入
3	非生产性支出比率	年度期间费用/年度销售总收入
4	固定资产新颖性	固定资产净值/固定资产原值
5	存货水平	年度存货/年度销售总收入
6	产权比率	年度负债/股东权益

资料来源：根据相关文献整理。

Carpenter（2000）将上述六个维度进行整合，从战略变革—持续性和战略变革—趋同性两个维度衡量战略变革，并构建了各自的测量方法。本书借鉴 Carpenter（2000）的研究对战略变革—持续性和战略变革—趋同性进行测量。

1. 战略变革—持续性的测量

根据以往研究，战略持续性是通过企业关键战略资源随着在企业不同年度之间的波动来测量（连燕玲和贺小刚，2015；张远飞等，2013；Geletkanycz & Hambrick，1997；Finkelstein & Hambrick，1990）。如果战略资源配置在年度区间上呈现出较小的波动，则认为战略变革的持续性较强；反之，则认为战略变革的持续性较弱。由于制定和实施战略变革行为需要一定时间，所以对企业绩效的影响效果并不能立刻显现出来，意味着企业绩效对战略变革的反应存在一定的滞后性。所以，在本书中对战略变革测量时会考虑时间的滞后性。Carpenter（2000）以 [T-1，T+1] 三年的滞后期为研究周期；还有学者认为战略变革的滞后期可选择为两年（Cyert，1988；Poole，1995；蓝海林等，2004），Zhang（2010）的研究选择一年（[T-1，T]）的滞后期。本书考虑到企业绩效与战略变革的关系，确定两年为战略变革的滞后期。具体测量方法如下：

以 2014~2016 年为基期 T，计算出上述衡量战略变革的六个指标在 [T-1，T+2] 4 年内的方差 $\dfrac{\sum [t_i - T]^2}{[n-1]}$，再将年度方差标准化；然后将上述 6 个经过标准化且乘以 -1 后的指标加总求和，即得到每个企业每年的战略变革—持续性指标。

2. 战略变革—趋同性的测量

借鉴 Finkelstein 和 Hambrick（1990）以及 Geletkanycz 和 Hambrick（1997）的做法，选取 6 个维度衡量战略指标，具体在衡量战略变革—趋同性时采用了 Miller 等（2013a）的计算方法。

首先，计算 t 年度家族企业 i 的每个衡量战略维度指标的战略偏离（非趋同）指标，方法是将 t 年度企业 i 的每个战略维度取值 a 和行业中位数相减，然后除以行业标准差，最后再取绝对值，具体计算如式（4.1）所示：

$$\text{Strategic Nonconformity}_{ait} = \text{ABS}\left[\left(P_{ait} - \text{Med}(P_{at})\right)/\text{SD}(P_{at})\right] \tag{4.1}$$

其中，P_{ait} 代表 t 年度企业 i 的每个衡量战略维度指标 a 的取值，$\text{Med}(P_{at})$ 代表 t 年度每个衡量战略维度指标 a 的行业中位数，$\text{SD}(P_{at})$ 代表 t 年度衡量战略维度指标 a 的行业标准差，ABS 代表取绝对值。

其次，加入模型计算的战略趋同指标是从偏离的指标转化而来，需要将每个衡量战略维度指标的战略偏离（非趋同）指标标准化，然后将 6 个标准化的战略偏离指标和 1 相减，即用 1 减去后求和，从而可得到每一个家族企业在 t 年度的战略趋同指标 Strategic Conformity$_{it}$，具体计算如式（4.2）所示：

$$\text{Strategic Conformity}_{it} = 1 - \sum_{a=1}^{6}\left[\text{Std}(\text{Strategic Nonconformityait})\right] \tag{4.2}$$

其中，Std 代表取标准化。

三、企业绩效的测量

（一）企业绩效的界定

在战略管理领域的企业绩效一般指财务绩效和成长绩效，企业财务绩效是指一定经营期间内企业的财务效益和经营者业绩，主要表现在企业的资产运营水平、偿债能力、盈利能力和后续发展能力等。企业的财务绩效指标反映的重点是企业的产出，如总资产报酬率（ROA）、每股收益（EPS）、投资报酬率（ROI）、净现金流和净利润等。财务绩效和企业的战略行为息息相关，包括组织结构、管理风格及信息系统（Miles & Snow, 1978）等信息。基于此，本书采用与企业战略行为联系最为紧密且最易获得企业数据的财务绩效作为研究对象。

（二）企业绩效的测量

目前，国内外对于企业绩效的测量方式中，主要有总资产报酬率（ROA）、净资产收益率（ROE）以及经济增加值（EVA 值）等方式。其中，最能直接有效反映企业的经营能力且被大多数学者采用的是总资产报酬率指标（ROA）。因此，本书主要采用最能体现上市公司经营效果和成长潜力的财务指标——总资产报酬率（ROA）来测量企业的经营绩效，采用净资产收益率（ROE）指标进行稳健性检验。同时考虑到战略变革的实施对企业绩效的影响作用具有滞后性，因此，本书选取滞后两年的总资产报酬率（T+2）来衡量企业绩效。

第二节 模型构建依据

本书是关于制度逻辑、战略变革与企业绩效的关系研究，同时包含 CEO 特征和组织特征的调节作用研究。制度理论、战略管理理论、高阶理论和构型理论均从不同视角在不同程度上阐释了制度逻辑、战略变革行为和企业绩效的关系，为本书的模型构建提供了坚实的理论基础。

一、制度逻辑与战略变革的关系

制度理论是本书借鉴最重要的理论基础，制度理论较为充分地阐述了制度环境对组织行为及绩效的影响机制。新制度理论强调的"合法性"作为环境约束为组织战略行为的趋同性提供解释基础，但面对复杂多变的环境，多元制度逻辑指引了组织如何解读特定社会情境以确保自身的合理运行（Thornton，2004），制度逻辑理论对于复杂社会现象具有解释力，这两种理论视角同源而生，但侧重点不同，两个视角具有融合的可能性（见表4.3），并且在理解场域内企业的多元制度逻辑的激励和约束作用基础上再判定不同制度逻辑的优先次序，才能理解企业具体的战略选择，从而更加合理地解释家族企业的多元制度逻辑影响战略行为和绩效异质性的真正原因。

表4.3　新制度理论和制度逻辑理论对比分析

制度理论	新制度理论	制度逻辑理论
主要观点	单一主导逻辑	多元制度逻辑并存
研究层次	组织场域	社会、场域、组织内部、微观个体
核心逻辑	合法性导致同一时期的组织行为同质、结构同构	多元制度逻辑间冲突导致的组织异构

续表

制度理论	新制度理论	制度逻辑理论
组织特征	被动适应	交互能动
代表人物	Friedland 和 Alford（1991）；Scott 和 Lane（2000）；Thornton（2002，2004）	Dunn 和 Jones（2010）；Greenwood 等（2011）

资料来源：根据相关文献整理。

新制度理论认为，组织行为受到合法性的激励和约束。合法性由一系列的内部和外部的利益相关者等赋予（Heugens & Lander，2009；Johnson et al.，2006）。构建合法性的途径视企业情况而定，组织一般通过获取关键利益相关者的理解和认可，从关键的利益相关者那里获取稀缺的资源（Cohen & Dean，2005）和构建社会声誉（Deephouse & Carter，2005）等，提高企业的生存能力和竞争优势，这是行业内的通用做法（Strang & Soule，1998）。Miller 和 Chen（1996）认为将企业战略与市场惯例或竞争者的战略趋于一致的战略趋同行为，是企业构建合法性的重要手段之一（Westphal et al.，1997）。政府逻辑以其具有强制力的社会规制以及对相关资源的控制对企业施加合法性的压力而导致企业战略的趋同性，市场逻辑以其自由竞争和自主经营的规范对企业施加合法性压力，导致企业模仿行业的战略资源配置惯例而导致战略趋同性，家族逻辑强调以家族的声誉和社会地位的价值观为导向来应对外界对其产生的合法性质疑而导致战略趋同性。因此，制度逻辑情境的多元性和主导逻辑的唯一性对企业的战略决策过程和结果具有显著影响。

家族逻辑的传承意愿和家族对企业的承诺（Chrisman et al.，2012）能够使家族企业倾向于长期经营，体现为长期规划，有利于战略上的连贯性；市场逻辑的自由竞争，优胜劣汰的价值观促使家族企业不断地进行战略变革以动态适应；政府逻辑的政策规制会对家族企业战略变革—持续性产生影响，战略持续与否取决于政府制定政策的连贯性程度，朝令夕改的规制会降低家族企业战略变革的持续性。

所以，本书承认制度多元性，将中国情境下家族企业面对的多元制度逻辑划分为政府逻辑、市场逻辑和家族逻辑三个维度，与此同时坚持主导制度逻辑对组织战略变革持续性和趋同性行为的关键指导作用，构建制度逻辑与企业战略变革关系模型（见图4.1），以此来分析家族企业多元制度逻辑下的不同战略选择。

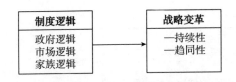

图 4.1　制度逻辑与企业战略变革关系模型

二、制度逻辑与企业绩效的关系

（一）CEO 特征的调节作用

家族企业遵循相似的制度逻辑，然而战略变革程度却不甚相同，产生的绩效结果也不同。一定存在除制度逻辑外的某些因素在影响着企业的战略变革行为和绩效结果。根据高阶理论，管理者不同的个性特征会对外界环境刺激有不同的个性化解读（Hambrick & Mason，1984），从而影响组织的战略行为选择，进而对绩效产生影响。在战略研究领域，也日益关注高层管理者的个人特征对战略的影响（Zhu & Chen，2015；Nadkarni & Herrmann，2010；Li & Tang，2010；刘娇等，2017）。家族企业中的企业主对战略决策拥有绝对主导权，在企业中具有核心地位，其个性特征会对企业战略具有重要影响，Hambrick（1993）认为 CEO 的开放性是具有善于改变组织现状、寻求新的制度体系和战略方向的个性特征，CEO 的开放性特征表现在偏好新的、多样性的战略活动，并且善于思辨，擅长解决复杂的矛盾冲突等，喜欢挑战权威等。已有学者研究发现家族企业具有开放性的 CEO 对变革持乐观的态度而更支持战略变革（Datta et al.，2003；Wanberg & Banas，2000）。因此，引入 CEO 开放性作为调节变量。

CEO 的开放性越大，战略变革越有可能发生。但是战略变革行为是企业打破以往惯例的创新行动，是对既得利益的再分配，所以 CEO 仅仅具有开放性的个性特征不足以推动具有复杂性和风险性的战略变革行为，因为高管不总是拥有完全的行动自由（Liberson & O'Connor，1972；Hannan & Freeman，1977），还需要具有较大的自由裁量权，CEO 的自由裁量权越大，在战略决策过程中的作用越大，冲破变革中的层层阻力，成功按照个人意志实施战略变革。因此，依据高阶理论本书对 CEO 自由裁量权的考量，也是理解战略行为和企业绩效异质性的必然之举。多数学者研究表明，CEO 的自主权是决定 CEO 自由裁量权的关键因素。战略制定和变革成功与否受到 CEO 自主权大小的重要影响（Golden & Zajac，2001），自主权代表 CEO 执行个人意志的能力大小（Finkelstein，1992），同时代表对组织的控制力大小（韩立岩和李慧，2009；权小锋和吴世农，2010），拥有自主权较大，越有可能把组织战略资源调整的意愿变成现实，从而打破战略变革的持续性。从上市家族企业的合法性角度考虑，战略资源的调整方向可能趋于行业水平来构建合法性，尤其在上市的家族企业中家族企业主的自主权较大的情况下，家族企业的治理结构单一，缺少"外部人"的监督和权力制衡，容易给投资者造成不良预期，即因家族势力过大而导致外部投资者的利益可能会受到损害，造成对合法性的质疑，所以此时家族企业很可能为缓解合法性压力而选择战略趋同行为。

此外，家族企业治理结构中虽然引入"外部人"制约，董事长和 CEO 非一人担任，但此时 CEO 的持股量就会影响其自由裁量权，从而可能影响企业的战略变革行为。CEO 持股量越大，发起战略变革的风险和成本越大，越容易受到阻碍，如果 CEO 由家族成员担任，维持家族财富安全稳定长久是其首要目标，可能会影响其发起战略变革的意愿和行动，从而带来战略持续，影响企业绩效。

综上所述，为全面了解家族企业多元制度逻辑和绩效的关系，引入 CEO 特征作为调节变量，构建制度逻辑、CEO 特征、战略变革与企业绩效关系的概念模型（见图 4.2），检验 CEO 特征对制度逻辑和战略变革的调节作用，使研究更加丰富，对变量间相互关系的了解更加透彻。

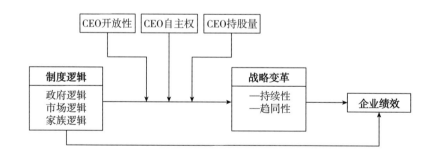

图 4.2　制度逻辑、CEO 特征、战略变革与企业绩效关系模型

（二）组织冗余的调节作用

Finkelstein 和 Hambrick（1990）认为自由裁量权受环境、组织和个人三个层面因素的影响：一是环境允许多样性和变化的程度，取决于政府的干预程度以及市场、行业和资本的特点；二是组织对一系列可能采取行动的服从程度以及赋予高层管理者制定和执行这些行动的权力大小，取决于组织惯性和组织冗余的大小；三是高层管理者能够制订多种行动方案的能力水平。因此，排除环境、行业和个人因素，对于家族上市制造业企业来讲，组织的冗余资源的水平可能会对其战略变革和绩效产生影响。Singh（1986）认为组织冗余为企业战略的执行和组织变革提供物质资源支持。但 O'Brien（2003）认为，组织冗余水平较高会导致风险规避，变革意愿降低，对环境变化的反应敏感性降低。企业在过去发展中累积的资源可以转变为组织惯性，或者可以成为组织与环境的缓冲，进而形成环境防御机制，减弱适应环境变化的能力和效率（Kraatz & Zajac，2001）。

总之，组织冗余一定会给家族企业的战略变革带来影响，所以为了全面了解多元制度逻辑和企业绩效的关系，引入组织冗余作为调节变量，构建制度逻辑、组织冗余、战略变革与企业绩效关系模型（见图 4.3），检验组织冗余对制度逻辑和战略变革的调节作用，使研究更加丰富，对变量间相互关系的了解更加透彻。

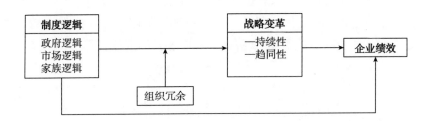

图 4.3　制度逻辑、组织冗余、战略变革与企业绩效关系模型

三、家族企业绩效影响因素组态

QCA 的方法探索跨组织和情境的多样性，旨在协调不同的观点。规避了传统相关性研究方法的线性相关假设，鼓励对组织现象的多属性描述，允许等终性（Equifinality）和非对称因果关系（Asymmetric Causality）。

构型理论研究重点关注对构型的描述以及内聚性质、互补元素和内部形成过程（Greenwood & Hinings，1993；Miles & Snow，1978；Mintzberg，1979），鲜有研究重视跨类型的关系或比较，然而这恰恰是 QCA 研究方法的优势（Miller，2018）。QCA 的方法引入清晰集（Crisp-set）和模糊集（Fuzzy-set）（Berger，2016；Misangyi et al.，2017；Ragin，2000，2004，2009；Wagemann et al.，2016），根据二元属性或多元属性来描述组织现象，寻找产生特定结果的必要和充分条件。重点研究由案例构成的集合理论构型（Configuration），并优先且重点研究复杂的因果关系（Misangyi et al.，2017）。

本书利用 QCA 方法的理论检验优势，将制度逻辑、战略变革、CEO 特征和组织冗余作为前因条件，构建家族企业绩效影响因素组态模型（见图 4.4），检验导致高绩效和非高绩效的构型，弥补传统回归统计分析的缺陷。

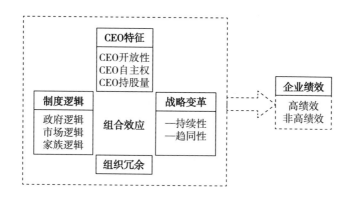

图 4.4 家族企业绩效影响因素组态模型

第三节 研究模型设计

一、概念模型

受前两章的文献综述梳理和理论基础的启发，将概念模型的构建思路归纳如下：

第一，根据新制度理论，在中国转型升级背景下，家族企业面临的多元制度逻辑可分为三种，即政府逻辑、市场逻辑和家族逻辑，不同种制度逻辑都能产生对家族企业构成约束的制度压力，从而影响企业的战略变革。

第二，根据战略管理理论，企业在面临多元制度逻辑时往往会做出不同的战略响应行为，如企业的资源配置的不同时。可从六个维度对战略资源配置水平与行业主流的差异（趋同性）和年度区间上的波动程度（持续性）进行综合衡量，从静态和动态、空间和时间、横向和纵向的角度测度家族企业战略变革的行为特征。不同的战略变革行为能够导致不同的企业绩效，所以应检验战略变革行为对制度逻辑影响企业绩效的中介作用。

第三，根据高阶理论，多元制度逻辑下，由于 CEO 的特征以及企业所拥有的冗余资源各有不同，企业家根据对资源和环境的感知和理解，会做出不同的选择，其战略响应行为也有所不同，带来的绩效结果也会不同，因此应检验 CEO 特征和冗余资源对制度逻辑和战略变革影响的调节作用。

第四，根据构型理论用多元属性来描述组织现象，寻找产生特定结果的必要和充分条件。因此应利用 QCA 方法的理论检验优势，将制度逻辑、战略变革、CEO 特征和组织冗余作为前因条件，检验前因条件的组合效应，构建家族企业绩效影响因素的组态模型，探寻引致家族企业高绩效和非高绩效的构型，弥补传统回归统计分析的缺陷。

根据以上分析，本书构建研究理论模型，见图 4.5。

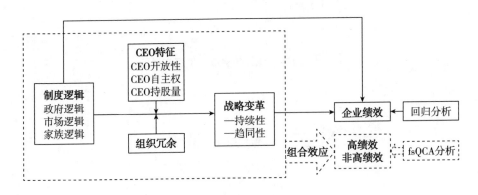

图 4.5　研究理论模型

二、变量数据选取要求

本书选取基期 T 为 2014～2016 年 A 股制造业家族企业为研究对象，制度逻辑对战略变革行为不会立刻产生作用，即制度逻辑对战略变革和企业绩效的关系具有滞后性。同时，战略变革对企业绩效的影响并不能立即表现出来，因此也具有时间滞后性。目前，学术界的主流研究方法一般是以滞后 2～3 年来测量自变量对因变量的滞后作用（Poole，1995；Audia et al.，2006）。经查阅 SCI（50 篇）、CSSCI（30 篇）国内外文献和学位论文（20 篇）后发现，制度变革的滞后效应一般均设定为 2~3 年，并且在数据选择的时间跨度上，一般研究者采用的时间跨度为 6 年或 8 年以上，其中采用 6 年的学者居多，大约占 70%，因其基本上可以覆盖制度逻辑对战略变革和企业绩效的影响区间，能够保证研究的稳健性，故被大多数学者采用。

本书对各变量的时间选取范围分别为：自变量（市场逻辑、政府逻辑、家族逻辑）的数据收集范围为基期 T−1 年，即 2013~2015 年，因变量（企业绩效）的时间范围为基期 T＋2 年，即 2016~2018 年，中介变量（战略变革）、调节变量（CEO 开放性、CEO 持股量、CEO 自主权、组织冗余）和控制变量（公司规模、公司年龄、两权背离率、独立董事比例）的时间范围为基期 T 年，即 2014~2016 年，具体数据对应关系如表 4.4 所示。

表 4.4　变量对应的数据期间

期间	对应年份	对应变量
T−1 期	2013~2015	政府逻辑、市场逻辑、家族逻辑
T 期	2014~2016	战略变革—持续性、战略变革—趋同性、CEO 开放性、CEO 自主权、CEO 持股量、组织冗余、控制变量
T＋2 期	2016~2018	企业绩效

资料来源：根据相关文献整理。

本章小结

本章主要为变量测量与模型构建，为后文的回归分析与模糊集定性组态比较分析提供了研究所需的理论模型、变量定义和数据要求等。本章第一节主要介绍了变量的界定与测量，分别从制度逻辑、战略变革和企业绩效三个维度进行阐述；第二节主要介绍了模型构建依据，根据变量间的关系设计模型，层层递进；第三节在前文基础上对研究模型进行了总结，提出总的概念模型，并强调了变量数据的选取要求，为后文的实证分析和组合效应检验奠定了理论基础。

第五章　研究假设与实证分析

第一节　理论模型与研究假设

一、理论模型

回归分析主要是分析单一变量对因变量的相关关系，回归分析理论模型如图 5.1 所示。主要回答以下三个问题：

（1）多元制度逻辑情境下对家族企业的绩效有何种影响。

（2）不同制度逻辑下不同的战略变革类型会产生不同的企业绩效，不同的战略变革行为在制度逻辑和企业绩效间会发挥怎样的中介作用。

（3）CEO 特征和组织冗余在制度逻辑与战略变革间发挥何种调节作用。

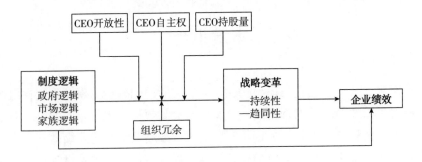

图 5.1　回归研究模型

二、研究假设

（一）制度逻辑与企业绩效的关系

对于转型时期的中国家族企业来讲，受政府逻辑、市场逻辑和家族逻辑的共同影响，从而影响着家族企业的战略行为和绩效水平。

1. 市场逻辑与企业绩效

市场逻辑以规则为导向、以公平竞争为手段、以追求利润为终极目标。随着市场经济体制改革不断深化，我国各地区市场化程度不断提高，要素市场发育逐步完善，政府对经济的干预程度不断下降，家族企业在经营中也更加倾向于采取公平的市场竞争思维模式和手段来实现企业目标。家族企业管理者在政府主导逻辑较弱、市场主导逻辑较强的制度情境下，具有更大的自由裁量权，开展经营活动可发挥更大的自主性，能够以市场化手段更好地创造利润。在市场逻辑强的场域，拥有比较完善的市场环境，资源由市场分配，依靠家族企业自身努力竞争获取资源。家族企业的经营需要向上游企业采购原材料、向下游企业或者供应商销售商品，发达的要素市场发育以及完善的市场秩序能够提供充足的供应商以及多样化的销售渠道，保证原料供应和产品或服务的销量，由此促进企业绩效的提高。据此提出以下假设：

H1 - 1：市场逻辑越强，企业绩效越高。

2. 政府逻辑与企业绩效

政府逻辑以规制为导向，强调国家社会政治秩序的基本方向，通过官僚体系和法律法规形成强制性的规制措施，服务于国家发展和社会稳定的政治目标，从而对组织形成合法性压力。政府对资源配置起着主导作用、决定行业准入、干预企业经营目标的确定，政府对市场的干预程度越强，越易使民营上市企业管理层过于追求政治联系来获得资源分配、税收优惠等优势，而且，在政府逻辑比较强的地方，不公平现象时有发生，不利于提升企业绩效。政府干预较弱的地方，企业成功建立政治关联的可能性越低，管理层更趋于选择股东权益最大化或创造利润的目标进行经营。据此提出以下假设：

H1 - 2：政府逻辑越弱，企业绩效越高。

3. 家族逻辑与企业绩效

中国家族企业除具有市场逻辑和政府逻辑的制度特征之外，还受家族逻辑的影响。Bhappu（2000）研究指出，家族逻辑建构了日本的社会资本，推动日本家族企业的关系网络和管理实践的发展。Fairclough 和 Micelotta（2013）研究指出，家族逻辑在德国律师行业影响深远，即使在专业逻辑强的律师行业，也能对企业的结构和战略产生一定影响，在一定程度上保障律师事务所的长期良好发展。同时，家族逻辑在组织层面对家族企业的影响较大，在其主导下个体或组织的行为倾向于按照"家"的观念行事，把社会网络关系视为类似家族的亲属或血缘关系，表现出非市场化行为倾向。最初创办家族企业的目的在于提高整个家族的福祉，使得企业的决策过程兼顾考虑家族的价值观、目标和规范（Jaskiewicz et al.，2016）。维系这种类似亲属或血缘关系也使得家族关系更为牢固，统一了家族成员的思想和行动，全心全意为家族基业长青而努力，因此企业绩效越好。据此提出以下假设：

H1－3：家族逻辑越强，企业绩效越高。

（二）制度逻辑与战略变革的关系

1. 制度逻辑与战略变革—持续性

（1）市场逻辑与战略变革—持续性。

在市场逻辑较强的地方，市场自由竞争，企业对于广告、研发、固定资产、非生产性支出、存货率以及资产负债率等战略维度有比较精准的预期，企业面临的不确定性均来自市场，来自于政府干预导致的不确定性较小。因为企业对上述六个战略资源配置的维度进行有预期的以及合理的把控，因此除非市场环境发生剧烈的变化，否则企业在各年度不会出现重大战略调整。从效率机制来看，目前的市场环境下，频繁的战略变革会导致耗费大量的资源配置成本和交易协调成本，因此企业普遍倾向于维持现有战略方针不变，不轻易进行战略调整，从而保持战略稳定。从合法性机制来看，企业的战略变革一定会和产业链上下游及所在行业的规范发生冲突，与组织场域的长期运行形成的制度结构出现分歧，导致企业战略变革会面临来自传统制度性规范和固有运营模式的制约，导致合法性降低而带来企业绩效的压力，所以难以发起变革。据此提出以下假设：

H2－1：市场逻辑越强，企业的战略变革—持续性越强。

（2）政府逻辑与战略变革—持续性。

由于转型期的正式制度不完善，以及大量战略性资源由政府控制，导致关系网络替代正式制度，成为企业回应制度复杂性的策略之一（李晓丹和刘洋，2015；Peng & Luo，2000），因而企业构建政商资源或利用官僚制度的腐败获取利益等投机行为随着政府逻辑变强而时常发生，对企业经营具有"双刃剑"效应，深刻影响家族企业的战略选择（猴倩雯和蔡宁，2015）。在政府逻辑比较强的场域，政府对经济的干预较多，家族企业的战略受政府政策、税收制度、银行政策等强权支配的影响比较大，严重受到制约，尤其部分地区政府政策的持续性较差，地方政府为满足政治业绩不顾企业长期发展目标，"朝令夕改"的现象时有发生，因此家族企业的战略也会随之变化调整，战略变革的持续性较低。据此提出以下假设：

H2-2：政府逻辑越弱，企业的战略变革—持续性越强。

（3）家族逻辑与战略变革—持续性。

近几年，学者们开始尝试用制度逻辑理论来解读家族企业的战略行为与绩效结果，探讨市场逻辑、家族逻辑和其他制度逻辑对家族企业战略决策的影响（Greenwood et al.，2010；Jaskiewicz et al.，2016；Reay et al.，2015；Miller et al.，2011）。家族逻辑在家族企业中有最直接和深刻的体现。Miller 等（2011）的研究表明，家族逻辑会导致家族企业更倾向于保守战略，而且企业经营过程则会因为血缘关系更愿意雇用家族成员，保证成员间信任关系的同时也为家庭成员提供职业保障。这可能会导致人力资本僵化，出现企业主"一言堂"的现象，限制了战略变革的发起。家族逻辑影响下的企业在确立经济目标的同时，更重要的是确立非经济目标，如维护家族权威和地位、保证家族财富传承和家族成员身份认同等，实施的战略也为这类目标服务（Kotlar & De Massis，2013；Berrone et al.，2012；Chrisman et al.，2012），同时规避妨碍这类目标实现的战略（Chrisman & Patel，2012；Gomez-Mejia et al.，2007）。家族控股股东在家族逻辑的驱动下理所应当地追求这类非经济目标。也就是说，家族逻辑越强，其越有合法性去追求这些目标（Chrisman et al.，2012；Mitchell et al.，2011），从而导致家族企业的战略越趋于保守。据此提出以下假设：

H2-3：家族逻辑越强，企业的战略变革—持续性越强。

2. 制度逻辑与战略变革—趋同性

（1）市场逻辑、政府逻辑与战略变革—趋同性。

第一，根据制度理论和资源基础观，制度会形塑家族企业的结构和行为，市场逻辑下，资源配置由市场主导，家族企业的战略资源配置模式一般会出现趋同行为，具体来说，可以从竞争和信息两个视角来看趋同行为（Lieberman & Asaba，2006），也就是说，企业模仿同行业竞争对手的成功模式以及传递出具有降低不确定性优势的信息，来减缓竞争或降低风险，获取趋同于行业的平均利润水平。家族企业通过模仿维持自己的相对竞争地位，或者抵消竞争对手的激进行为。家族企业可以采取差异化或同质化的战略来获取高额利润，但差异化战略风险很大，不能保证新的利基市场能够带来利润。因此，有些家族企业往往会选择与行业趋同的战略，减缓竞争压力的同时降低风险。

第二，按照市场逻辑，企业原有的经营模式至少能够给企业带来行业的平均利润水平，但如果发起战略变革就一定增加企业的交易成本，也必然要承担失败的风险，故可能难以达到原有的预期利润水平，甚至可能与市场逻辑下市场运行长期积累的行业规范相冲突，带来合法性危机，因此，从效率机制与合法性机制的双重角度看，企业会出于对风险的规避和避免合法性危机而考虑向行业的战略趋同。

第三，市场成熟度包括两个方面，产品市场的发展程度和要素市场的发育程度。从产品市场发展的角度，随着制度转型的逐步推进，产品市场的竞争将逐步加剧。价格控制取消，即商品价格的市场化，促进了商品的流通和交换，不仅纠正了计划经济下分配的扭曲程度，而且迫使企业提高效率。家族企业间必须相互竞争才能获取利润。此外，减少商品市场的地方保护会促进市场的自由化交易，并进一步增强产品市场的竞争程度。在激烈的市场竞争中，高层管理者很难做出更为恰当的战略决策来实现财务或市场目标，所以可能必须寻求一些保守的战略，以规避战略创新带来的风险，这样在成功时可以获得肯定，在失败时可以推卸责任。从要素市场的角度，资源基础观的理论强调用资源和战略来解释企业之间的异质性和竞争优势。企业之间长期的不同来自于企业通过不完善的要素市场获取和利用战略性资产的能力，而要素市场的完善程度决定了资源选择和配置能给企业带来行业差异的程度，主要影响可带来的潜在租金且具有稀缺性、独特性、不可复制性和不可替代性特征的资源。因此，要素市场发育程度越好，可供家族企业选择和配置的战略资源的差异性就越小，战略趋同性越大。据此提出以下假设：

H3-1：市场逻辑越强，企业的战略变革—趋同性越强。

H3-2：政府逻辑越弱，企业的战略变革—趋同性越强。

（2）家族逻辑与战略变革—趋同性。

Miller 等（2013a）研究表明，家族企业属于一种独特的、具有多重制度逻辑特征的混合性组织，制度逻辑的多中心性可能导致外部利益相关者更大的合法性压力，使得家族企业更倾向于将企业的资源配置策略向行业靠拢，即实施战略趋同行为。不同程度的家族逻辑虽然对战略趋同的影响程度不同，但仍然可能会具有随着家族逻辑变强，而战略趋同性增加的趋势。家族逻辑较弱时，家族控股股东的影响力较小，因此不会引起外部利益相关者的关注，企业的合法性压力较低，此时的战略选择不会受到太多限制。相反，随着家族逻辑增强，家族控股股东的影响力较大，战略行为的自由裁量权更大，很容易将企业资源优先用于追求家族逻辑下的非经济目标而可能会导致非股东的利益受损（Chrisman et al.，2012），更可能侵害中小股东和外部利益相关者的利益

（Claessens et al.，2000；Morck et al.，1988）。因此，家族逻辑增强时，外部利益相关者的风险越大，对合法性的质疑也会越高，施加给家族企业的合法性压力就越大。为了缓解外部利益相关者的合法性压力以获取外部支持，应传递良好的经营预期，赢得尊重和认可（Berroneetal，2010）。家族逻辑强的上市企业在战略行为上可能表现出更高的趋同性。据此提出以下假设：

H3-3：家族逻辑越强，企业的战略变革—趋同性越强。

（三）战略变革与企业绩效的关系

已有文献研究指出，企业战略变革与企业绩效之间的关系仍无法达成统一合理的结论。本书认为，家族企业的战略持续性有利于增加企业绩效。一是战略持续能使企业受到历史经验的指导从而降低战略搜寻成本；二是通过成熟的管理经验和历史积累约定俗成的管理惯例以降低管理沟通成本（Gittell，2004）；三是保持企业的核心竞争优势，逐步巩固企业创造价值的能力；四是保守的战略会保证家族非经济目标的实现。Kim 和 Intosh（1999）提出，片面追求战略对环境变化的响应速度、盲目采取战略变革可能会带来交易成本提高等隐性问题，进而降低企业绩效甚至削弱其生存的可能性。战略变革并不会起到立竿见影的效果，往往对企业绩效的影响具有时间上的滞后性，需要积淀才能产生效果，很多"短视"的企业为了摆脱短期的经营困境而不断调整战略，虽然短期内会有效果，但长期看可能造成企业战略资源匹配不当而影响企业的长期发展，据此提出以下假设：

H4-1：战略变革—持续性与企业绩效呈正相关关系。

家族企业的战略趋同能够缓解外部利益相关者施加的合法性压力，让企业的生产经营等各项决策更顺利，增加了其成功的可能性：第一，在不确定性较高的环境下，管理者可以通过模仿行为增强外部利益相关者的支持，认可企业的合法性和创造价值的能力，使企业在资本市场上有更好的发展预期，有助于提升企业绩效；第二，与行业规范保持一致能够使企业通过外部性获益，降低运营成本，提高效率；第三，合法性降低了企业面临的不确定性，有利于家族企业获得生存所依赖的关键性资源。据此提出以下假设：

H4-2：战略变革—趋同性与企业绩效呈正相关关系。

（四）战略变革在制度逻辑与企业绩效之间的中介作用

基于前文的推理假设，不同的制度逻辑会对企业绩效产生不同的影响，其作用机理是复杂的；同时，不同的制度逻辑下企业也会做出不同的战略变革行为，不同的战略变革行为进而会产生不同的企业绩效，战略变革在制度逻辑与企业绩效之间有何作用？本书采用"制度—行为—绩效"的理论范式开展研究，试图打开制度逻辑影响企业绩效的"黑箱"。基于此，本书认为制度逻辑对企业绩效的影响是通过战略变革来传递的，在面临不同的制度逻辑时，企业首先从战略变革上做出响应，企业做出的不同战略变革响应行为最终产生不同的企业绩效，据此提出以下假设：

H5：战略变革—持续性在制度逻辑与企业绩效之间起中介作用。

H6：战略变革—趋同性在制度逻辑与企业绩效之间起中介作用。

（五）CEO 特征的调节作用

1. CEO 开放性的调节作用分析

在市场逻辑较强的地方，由于管理层对市场的精准预期而不愿进行频繁的战略变革，因为频繁的战略变革会耗费大量的资源和产生大量的交易协调成本，但 CEO 开放性较高时，其往往愿意进行组织变革，打破常规边界，尝试新的活动，由此降低了资源浪费和交易协调成本导致的战略持续性；在政府逻辑较强的地方，由于政府的干预、腐败官僚、政商关系的不确定性导致战略持续性较低，而 CEO 开放性较高则善于分析和解决问题，在面对不确定因素时其自身解决组织内外复杂性问题的能力会阻止这种战略持续性的降低；在家族逻辑较强的企业，由于维护家族权威、稳定而导致战略持续性较强，CEO 开放性会打破家族权威带来的影响，其开放性特征会降低这种战略持续性。据此提出以下假设：

H7 - 1：CEO 开放性在市场逻辑与战略变革—持续性之间起负向调节作用。

H7 - 2：CEO 开放性在政府逻辑与战略变革—持续性之间起负向调节作用。

H7 - 3：CEO 开放性在家族逻辑与战略变革—持续性之间起负向调节作用。

在市场逻辑较强的地方，为了拉近与市场上龙头企业的差距而选择模仿，管理层在激烈的市场竞争环境中难以做出较好的决策而采取折中的战略以规避风险，而 CEO 开放性恰恰能抵减这种折中的意愿；在政府逻辑较强的地方，由于要素市场上资源的分配不均衡而导致企业的战略各有不同，而 CEO 开放性则可抵减这种不均衡导致的资源分配问题；在家族逻辑较强的企业，由于信息不对称、外部利益相关者面临的风险大而导致合法性受到质疑，CEO 开放性则可增强外部利益相关者的信心，降低合法性质疑。据此提出以下假设：

H8 - 1：CEO 开放性在市场逻辑与战略变革—趋同性之间起负向调节作用。

H8 - 2：CEO 开放性在政府逻辑与战略变革—趋同性之间起负向调节作用。

H8 - 3：CEO 开放性在家族逻辑与战略变革—趋同性之间起负向调节作用。

2. CEO 持股量的调节作用分析

CEO 持股是股权激励的重要形式，能够将经理人、员工与企业的目标函数趋于一致，从而使 CEO 在做出经营决策时更多地考虑股东的利益最大化。在家族制造业企业中，大量 CEO 由家族成员来担任，CEO 持股数量越大，其拥有的权力越大，更加有权决定公司的发展战略。

在市场逻辑较强的地方，CEO 持股量越多，其拥有的权力越大，越有进行变革的动力和能力；在政府逻辑较强的地方，CEO 持股量越多，越有动力与政府建立良好的关系，减少因政策变化等因素导致的被动变革；在家族逻辑较强的企业，CEO 持股量越多，其越有权力决定公司的战略，可以灵活地进行战略变革。据此提出以下假设：

H9 - 1：CEO 持股量在市场逻辑与战略变革—持续性之间起负向调节作用。

H9 - 2：CEO 持股量在政府逻辑与战略变革—持续性之间起负向调节作用。

H9 - 3：CEO 持股量在家族逻辑与战略变革—持续性之间起负向调节作用。

在市场逻辑较强的地方，CEO 持股量越多，其越有能力和意愿采取与竞争对手差异化的战略以提升自身竞争力；在政府逻辑较强的地方，CEO 持股量越多，越可以向政府争取资源以解决资源分配不均的问题，以缩小与其他企业之间的差距；在家族逻辑较强的企业，CEO 持股量越多，外部利益相关者面临越大的利益被侵占风险，加重了他们对家族上市公司的合法性质疑，导致其更愿意采取趋同的战略消除这种合法性质疑。据此提出以下假设：

H10 - 1：CEO 持股量在市场逻辑与战略变革—趋同性之间起负向调节作用。

H10 - 2：CEO 持股量在政府逻辑与战略变革—趋同性之间起负向调节作用。

H10 - 3：CEO 持股量在家族逻辑与战略变革—趋同性之间起正向调节作用。

3. CEO 自主权的调节作用分析

CEO 的自主权在战略制定、选择和变革中起关键作用（Golden & Zajac, 2001）。具有较多自主权的 CEO 对公司的规章制度、组织结构、经营方式等各项发展战略可以施加更多的影响，CEO 会有较多的选择范围和行为空间。当企业的治理结构为"两职合一"，CEO 的自主权更大，更加有权决定公司的发展战略，如进行大量研发投入等，推动企业的创新发展。

在市场逻辑较强的地方，CEO 自主权的增加会提供给其可以用于战略变革的资源，其因惧怕资源的浪费和成本的增加而造成战略持续性较强的意愿减小；在政府逻辑较强的地方，CEO 自主权的增加有助于与政府建立稳定的关系，降低企业面临的风险，降低被迫的战略变革；在家族逻辑较强的企业，

CEO 自主权的增加使其更有权力决定公司的战略，可以灵活地进行战略变革。据此提出以下假设：

H11 – 1：CEO 自主权在市场逻辑与战略变革—持续性之间起负向调节作用。

H11 – 2：CEO 自主权在政府逻辑与战略变革—持续性之间起负向调节作用。

H11 – 3：CEO 自主权在家族逻辑与战略变革—持续性之间起负向调节作用。

在市场逻辑较强的地方，CEO 自主权的增加会使其更愿意采取差异化的战略以取得竞争优势，而不是采用模仿竞争对手的战略，而且面对激烈的市场竞争，CEO 自主权越大，为了在激烈的市场竞争中胜出越有权力采取不同的战略；在政府逻辑较强的地方，CEO 自主权越大，越可以向政府争取资源以解决资源分配不均的问题，以缩小与其他企业之间的差距；在家族逻辑较强的企业，CEO 自主权越大，其合法性越受到质疑，企业越有动力采取趋同的战略。据此提出以下假设：

H12 – 1：CEO 自主权在市场逻辑与战略变革—趋同性之间起负向调节作用。

H12 – 2：CEO 自主权在政府逻辑与战略变革—趋同性之间起负向调节作用。

H12 – 3：CEO 自主权在家族逻辑与战略变革—趋同性之间起正向调节作用。

（六）组织冗余的调节作用分析

企业拥有除维持正常运营的资源外，现存或潜在的但尚未被利用的资源被称为组织冗余。组织冗余是战略管理理论研究的关键构念，越来越受到重视。

Levinthal 和 March（1993）认为，当组织外界环境变化时，家族企业历史上累积的组织冗余资源很有可能导致企业陷入"能力陷阱"，从而利用现存资源维持组织现状，妨碍企业必要的组织学习，降低感知外部环境信息和搜索战略机会的能力，对外界的资源获取缺乏敏感度。Ghemawat（1991）认为，战略持续可以被视为家族企业的组织承诺，冗余资源易成为防御外界环境变化的重要屏障，放松企业与外部环境的耦合程度，降低企业对外部环境变化的敏感性，从而限制发起战略变革。Nohria 和 Gulati（1996）认为组织冗余对资源造成浪费，意味着放弃利用闲置资源提升企业绩效的机会等。尤其对于家族企业来讲，组织冗余意味着家族财富的积累和传承，保持战略持续能够保障家族财富的安全，符合家族逻辑下的非经济目标。因此不管在哪种逻辑下，组织冗余均在一定程度上抑制战略变革的发生。据此提出以下假设：

H13－1：组织冗余在市场逻辑与战略变革—持续性之间起正向调节作用。

H13－2：组织冗余在政府逻辑与战略变革—持续性之间起正向调节作用。

H13－3：组织冗余在家族逻辑与战略变革—持续性之间起正向调节作用。

在市场逻辑较强的地方，组织冗余越多，使企业越有足够的资源和充足的意愿采取差异化的战略以取得竞争优势，而不是采用模仿竞争对手的战略；在政府逻辑较强的地方，要素市场分配不均而导致企业战略各不相同，企业较多的组织冗余可以缩小要素市场分配不均而导致的与其他企业的差距；在家族逻辑较强的企业，组织冗余作为企业过剩或闲置的资源，是组织低效率的表现，同时依据家族企业的社会财富情感框架，较高的组织冗余代表家族财富的积累和传承，容易受到外部利益相关者的合法性质疑，此时企业越容易采取趋同的战略。据此提出以下假设：

H14－1：组织冗余在市场逻辑与战略变革—趋同性之间起负向调节作用。

H14－2：组织冗余在政府逻辑与战略变革—趋同性之间起负向调节作用。

H14－3：组织冗余在家族逻辑与战略变革—趋同性之间起正向调节作用。

第二节　样本与研究设计

研究设计作为实证研究的起点，是对研究过程的整体安排，为了证明在前文中提出的研究假设，本节详细介绍了用于实证研究的样本选取与数据来源、研究变量及其他变量的详细测量、模型的构建等内容，旨在通过合理的研究设计为论证前文提出的研究假设提供强有力的支持。

一、样本选取与数据来源

本书以 2013～2018 年在沪深交易所连续经营的 A 股制造业家族企业为研究对象，参考王明琳等（2014）的研究，对家族上市公司的界定标准有以下两条：①实际控制人可以追溯到某一自然人或家族，并且家族所有权（投票权）＞15％；②企业高管（包括董事长、董事和高层经理职务）或在企业持股人员中至少包含两名及以上具有亲缘关系的家族成员。

为确保样本选择的合理性以及数据质量的可靠性，根据文献中以往学者的研究标准结合本研究主题，对家族上市制造业企业进行了严格的筛选，步骤如下：

（1）剔除相关财务数据缺失的上市公司。

（2）剔除了 ST、SST、*ST 的样本。

（3）为了控制极端值对回归结果的影响，对连续变量 1% 以下和 99% 以上分位数进行缩尾处理。

通过上述步骤，本研究最终获取了 762 个观测值，所需数据来自 Wind 数据库和 CSMAR 数据库，本部分数据处理采用 SPSS22.0 统计分析软件。

二、变量度量

为达到本书的研究目的，将企业绩效作为因变量，政府逻辑、市场逻辑和家族逻辑作为自变量，战略变革—持续性和战略变革—趋同性作为中介变量，CEO 开放性、CEO 自主权、CEO 持股量和组织冗余作为调节变量，公司规模、公司年限、两权背离率、独立董事比例、年度作为控制变量。本书涉及的所有变量汇总如表 5.1 所示。

表 5.1　变量汇总

	变量名称	变量符号	变量定义
因变量	企业绩效	ROA	资产收益率（ROA）＝净利润/总资产平均余额×100%，选取滞后两年的 ROA（T＋2）作为企业绩效的衡量指标
自变量	市场逻辑	Mar	采用王小鲁、樊纲、余静文《中国分省份市场化指数报告》中"要素市场发育程度"的数据来衡量
	政府逻辑	Gov	采用王小鲁、樊纲、余静文《中国分省份市场化指数报告》中"政府与市场关系"的数据来衡量
	家族逻辑	Fam	控制权计算采用 LaPorta 等（1999）及 Djankov、Fan 和 Lang（2000）的计算方法，即为实际控制人与上市公司股权关系链或若干股权关系链中最弱的一层或最弱的一层的总和。该指标从家族整体角度来分析，家族成员中所有实际控制人拥有的上市公司控制权比例；实际控制人为多人时，合并计算
中介变量	战略变革—持续性	Strategic Persistence	选取战略变革 6 个维度指标，分别以 2014 年、2015 年、2016 年为基期 T，测算出上述每个指标在四年内（T－1，T＋2）的方差 $\frac{\sum[t_i－T]^2}{[n－1]}$；最后，将计算的年度方差基于行业进行标准化处理，然后将上述 6 个经过标准化且乘以－1 后的指标相加，即得到每个企业每年度的战略延续指数

变量名称		变量符号	变量定义
中介变量	战略变革—趋同性	Strategic Conformity	选取战略变革 6 个维度指标，分别以 2014 年、2015 年、2016 年为基期 T，首先，计算 T 年度企业的每个战略维度的战略偏离（非趋同）指标，计算方法是将 T 年度企业的每个战略维度取值 a 和行业中位数相减，然后除以行业标准差，最后取绝对值；其次，对每个战略维度的战略偏离（非趋同）指标标准化，然后用 1 减 6 个标准化的战略偏离指标之和，即得到每个企业每年度的战略趋同指标
调节变量	CEO 开放性	Ceoopen	获取三个人口特征指标，即 CEO 年龄、CEO 教育水平和 CEO 在本企业内的任职期限，对转化后 CEO 年龄和任职期限以及教育水平三个指标进行标准化，最后将上述标准化后的三个指标数值加总获得
	CEO 持股量	Ceoshar	CEO 所持有的股份数与企业总股本之间的比例
	CEO 自主权	Ceopwer	若 CEO 同时兼任董事长，则认为自主权相对较高，设定 Ceopwer 为 1，否则为 0
	组织冗余	Immediate Slack	营运资本/销售收入
控制变量	公司规模	Size	总资产的自然对数
	公司年限	Firm Age	公司成立年限
	两权背离率	Divert	实际控制人拥有上市公司控制权与所有权之差
	独立董事比例	Independent Director	独立董事人数占董事会人数的比例
		此外控制年度变量 Year	

三、研究方法选择

为验证前文的理论模型与研究假设，本书选取 2013～2018 年在沪深交易所连续经营的 A 股家族制造业企业作为研究样本。基于大样本的统计分析，宜采用多元线性回归分析方法来研究变量关系和假设检验，最终得出结论。描述性统计可以对总样本的整体分布情况有较好的刻画，体现变量的均值、最大值、最小值、中位数等，对样本形成初步了解；相关性分析可反映两两变量之间的相关关系，初步反映变量间的相关性，为进一步回归分析打好基础；回归分析用来检验变量之间的关系，是经济领域广泛使用的数据分析方法，可以分析出两个或两个以上变量间的定量关系，得出事物内在规律。故本书采用多元线性回归分析的方法来研究制度逻辑、战略变革和企业绩效等变量之间的相关关系。

四、描述性统计和相关性分析

（一）样本特征分析

1. 样本企业行业特征

根据证监会对二级门类行业的划分标准，本书所选取的基期 T 为 2014～2016 年的 327 家制造业上市公司，主要由制造行业的 25 个细分行业构成，其中计算机、通信和其他电子设备制造业，电气机械和器材制造业，医药制造业，专用设备制造业的占比最大，分别占总样本的 14.07%、13.15%、12.84% 和 12.54%。酒、饮料和精制茶制造业的样本量为 1 个，占比较小，剩余的行业分布相对广泛，如表 5.2 所示。

表 5.2　样本企业二级行业的分布　　　　单位：家,%

序号	二级行业代码	行业名称	数量	占比
1	C39	计算机、通信和其他电子设备制造业	46	14.07
2	C38	电气机械和器材制造业	43	13.15
3	C27	医药制造业	42	12.84
4	C35	专用设备制造业	41	12.54
5	C26	化学原料、化学制品制造业	22	6.73
6	C34	通用设备制造业	19	5.81
7	C29	橡胶和塑料制品业	15	4.59
8	C30	非金属矿物制品业	11	3.36
9	C36	汽车制造业	11	3.36
10	C40	仪器仪表制造业	11	3.36
11	C14	食品制造业	9	2.75
12	C33	金属制品业	9	2.75
13	C18	纺织服装、服饰业	8	2.45
14	C41	其他制造业	6	1.83
15	C13	农副食品加工业	5	1.53

序号	二级行业代码	行业名称	数量	占比
16	C17	纺织业	5	1.53
17	C24	文教和娱乐用品制造业	4	1.22
18	C32	有色金属冶炼和压延加工业	4	1.22
19	C37	铁路等运输设备制造业	4	1.22
20	C21	家具制造业	3	0.92
21	C19	皮革等制品和制鞋业	2	0.61
22	C22	造纸及纸制品业	2	0.61
23	C23	印刷和记录媒介复制业	2	0.61
24	C28	化学纤维制造业	2	0.61
25	C15	酒、饮料和精制茶制造业	1	0.31

2. 样本企业成立时间特征

本书所选取的基期 T 为 2014～2016 年的 327 家制造业上市公司，其中，成立时间在 15～20 年的样本企业数量最多，占比达到 38.84%；其次分别是 10～15 年和 20～25 年的企业，数量分别为 103 家和 71 家，占比分别为 31.50% 和 21.71%。因此，我国制造业上市公司的成立时间仍相对较短，具体的分布特征如表 5.3 所示。

表 5.3 样本企业成立时间分布特征 单位：家,%

序号	成立时间	企业数量	占比
1	15～20 年	127	38.84
2	10～15 年	103	31.50
3	20～25 年	71	21.71
4	5～10 年	13	3.98
5	25 年及以上	13	3.98

3. 样本企业省份特征

本书的 327 家制造业上市公司，其注册地分布广泛，遍布我国 26 个省份，其中注册地在广东、浙江以及江苏三个省份的制造业上市公司占据前三位置，占比分别为 23.55%、18.65% 和 13.15%。样本企业的注册地分布特征如表 5.4 所示。

表 5.4　样本企业的注册地分布特征　　　　　单位：家,%

序号	省份	数量	占比
1	广东省	77	23.55
2	浙江省	61	18.65
3	江苏省	43	13.15
4	山东省	18	5.50
5	福建省	15	4.59
6	北京市	14	4.28
7	上海市	14	4.28
8	四川省	12	3.67
9	河北省	9	2.75
10	河南省	8	2.45
11	湖北省	8	2.45
12	湖南省	7	2.14
13	辽宁省	5	1.53
14	重庆市	5	1.53
15	安徽省	4	1.22
16	海南省	4	1.22
17	天津市	4	1.22
18	黑龙江省	3	0.92
19	江西省	3	0.92
20	陕西省	3	0.92
21	广西壮族自治区	2	0.61
22	吉林省	2	0.61
23	内蒙古自治区	2	0.61
24	山西省	2	0.61
25	贵州省	1	0.31
26	宁夏回族自治区	1	0.31

（二）变量描述性统计

本书的观测样本为 762 个，企业 ROA 极大值为 27.18，极小值为 -27.19，

ROE 极大值为 34.06，极小值为 -61.54，说明我国上市家族制造业企业绩效水平有着较大的差异；企业面临的三种制度逻辑之间也存在显著的差异，其中市场逻辑极大值为 13.37，极小值为 3.48，政府逻辑极大值为 9.22，极小值为 3.41，由于市场逻辑和政府逻辑均受所在地域的影响，而不同地域之间市场逻辑和政府逻辑有着较大的差异，家族制造业企业中家族成员的投票权也存在显著差异，极大值为 89.85，极小值为 16.08，说明我国家族制造业企业存在显著的异质性；企业的战略变革行为分为持续性行为与趋同性行为，其中持续性行为表示企业不同年度的战略变化，该指标极大值为 1.3，极小值为 -19.3，不同企业差异较大，表示不同企业每年战略持续性不一，趋同性行为表示企业与行业平均的战略之间的差异，该指标也存在显著差异，极大值为 4.45，极小值为 -9.46，说明企业之间的战略存在明显的不同；CEO 特征包含 CEO 开放性、CEO 持股量、CEO 自主权三个指标，这三个指标极大值与极小值存在显著差异，说明我国家族制造业上市公司的 CEO 特征各有不同；组织冗余的均值为 0.72，中值为 0.52，说明我国家族制造业上市公司普遍存在短期的资源冗余。主要变量的描述性统计如表 5.5 所示。

表 5.5 主要变量的描述性统计

	均值	中值	标准差	极小值	极大值
ROA	5.47	5.47	7.46	-27.19	27.18
ROE	6.01	6.56	12.28	-61.54	34.06
Mar	6.92	6.90	1.44	3.48	13.37
Gov	7.44	7.53	1.05	3.41	9.22
Fam	44.27	43.03	13.66	16.08	89.85
Strategic Persistence	0.23	0.77	2.31	-19.30	1.30
Strategic Conformity	1.81	2.35	2.23	-9.46	4.45
Ceoopen	0.00	0.09	1.88	-5.75	5.00
Ceoshar	9.68	1.39	14.70	0.00	63.53
Ceopwer	0.39	0.00	0.49	0.00	1.00
Immediate Slack	0.72	0.52	0.77	-0.58	4.10
Divert	0.89	1.00	0.18	0.13	1.00
Independent Director	0.38	0.33	0.06	0.25	0.67
Firm Age	16.45	15.96	4.49	4.00	30.67
Size	21.72	21.63	0.87	19.70	25.25
N	762				

表5.6　主要变量的相关性分析

	ROE	ROA	Mar	Gov	Fam	Strategic Persistence	Strategic Conformity	Ceoopen	Ceoshar	Ceopwer	Immediate Slack	Divert	Independent Director	Firm Age	Size
ROE	1.000	0.961***	0.175***	0.079**	0.128***	0.158***	0.132***	-0.011	-0.031	-0.013	-0.129***	-0.200***	-0.148***	0.044	0.174***
ROA	0.957***	1.000	0.183***	0.066*	0.114***	0.173***	0.116***	-0.015	-0.037	-0.030	-0.094***	-0.202***	-0.165***	0.029	0.130***
Mar	0.135***	0.145***	1.000	0.452***	-0.032	0.002	0.048	-0.040	0.074	0.027	-0.011	-0.032	-0.023	0.069***	0.100***
Gov	0.042	0.045	0.265***	1.000	0.055	0.075**	0.021	-0.010	0.095***	0.115***	-0.076**	0.038	0.082**	-0.004	-0.007
Fam	0.155***	0.163***	-0.054	0.082**	1.000	0.256***	0.094***	0.041	0.105***	0.073**	0.008	-0.014	0.000	-0.122***	-0.084**
Strategic Persistence	0.165***	0.174**	0.067*	0.099***	0.117***	1.000	0.373***	-0.022	0.004	-0.045	-0.200***	-0.110***	-0.033	0.041	0.065*
Strategic Conformity	0.040	0.042	-0.016	0.064*	0.101***	0.367***	1.000	-0.011	-0.048	-0.035	-0.188***	-0.012	-0.092**	0.031	0.041
Ceoopen	-0.003	-0.008	-0.001	-0.024	0.065**	0.032	0.019	1.000	-0.216***	-0.314***	-0.041	0.073**	-0.005	-0.122***	0.052
Ceoshar	-0.045	-0.071**	0.103***	0.128***	0.144***	-0.040	-0.032	-0.216***	1.000	0.485***	0.035	0.401***	0.037	-0.072**	-0.105***
Ceopwer	0.001	-0.014	0.018	0.129***	0.067*	-0.061*	-0.039	-0.295***	0.581***	1.000	0.002	0.100***	0.037	-0.066*	-0.082**
Immediate Slack	-0.093***	-0.108***	-0.046	-0.122***	0.002	-0.200***	-0.313***	0.000	0.011	0.002	1.000	0.111***	0.067*	-0.097***	-0.315***
Divert	-0.157***	-0.175***	-0.006	0.006	0.039	-0.056	-0.002	0.120***	0.313***	0.085**	0.077**	1.000	0.089**	-0.017	-0.135***
Independent Director	-0.118***	-0.140***	0.000	0.088**	0.009	-0.065*	-0.130***	-0.021	0.071**	0.046	0.102***	0.109***	1.000	-0.064*	-0.121***
Firm Age	-0.032	-0.022	0.083**	0.001	-0.118***	-0.009	0.014	-0.129***	-0.036	-0.068*	-0.066*	-0.060*	-0.071*	1.000	0.157***
Size	0.079**	0.075**	0.094**	-0.012	-0.076*	0.045	0.071**	0.057	-0.136***	-0.091**	-0.233***	-0.132***	-0.148***	0.147***	1.000

注：右上为 Spearman 相关系数，左下为 Pearson 相关系数；***、**、*分别表示在 1%、5%、10%水平上显著。

（三）变量相关性分析

市场逻辑和家族逻辑在 Spearman 和 Pearson 相关性分析中与企业绩效有显著正相关作用，与我们的假设相一致，政府逻辑（该指标为政府与市场的关系，指标数越大，说明政府干预市场越少，政府逻辑越差，下同）在 Spearman 相关性分析中与企业绩效有显著正相关关系，但在 Pearson 相关性分析中与企业绩效为显著正相关关系，有待进一步分析；政府逻辑和家族逻辑在 Spearman 和 Pearson 相关性分析中与战略变革—持续性指标有显著正相关关系，与假设一致，市场逻辑仅在 Pearson 相关性分析中与战略变革—持续性指标有显著正相关关系，有待进一步分析；市场逻辑与战略变革—趋同性指标无显著相关关系，与假设不一致，有待进一步分析，政府逻辑仅在 Pearson 相关性分析中与战略变革—趋同性指标有显著正相关关系，家族逻辑在 Spearman 和 Pearson 相关性分析中均与战略变革—趋同性指标有显著正相关关系，与假设一致；战略变革—持续性指标与企业绩效有显著正相关关系，与假设一致，战略变革—趋同性指标仅在 Spearman 相关性分析中与企业绩效有显著正相关关系，有待进一步分析；CEO 开放性和持股量与战略变革无显著相关关系，与假设不一致，其调节作用还需进一步验证，CEO 自主权仅在 Pearson 相关性分析中与战略变革—持续性有显著负相关关系，与假设一致，组织冗余与战略变革—持续性、战略变革—趋同性在 Spearman 和 Pearson 相关性分析中均存在显著负相关关系。通过表 5.6 可以看出，主要研究变量之间均具有显著的相关关系，但是相关关系的方向部分与假设一致，部分与假设不一致，需要进一步回归分析以探究变量之间的关系。在控制变量中，两权背离度、独立董事比例、公司年限和公司规模均与企业绩效、战略变革有显著的相关关系。

第三节　回归分析与假设检验

一、制度逻辑与企业绩效的关系检验

如表 5.7 所示，模型 1-1 中市场逻辑前的系数为 0.188，且在 1% 的水平上具有显著性，市场逻辑与企业绩效呈显著正相关，与 H1-1 相一致；模型 1-2 中政府逻辑前的系数为 0.07，且在 10% 的水平上具有显著性，政府逻辑与企业绩效呈显著正相关，与 H1-2 相一致；模型 1-3 中家族逻辑前的系数为 0.165，且在 1% 的水平上具有显著性，家族逻辑与企业绩效呈显著正相关，与 H1 - 3 相一致。

表 5.7 制度逻辑与企业绩效的回归结果

ROA	模型 1 - 1		模型 1 - 2		模型 1 - 3	
	标准系数	t	标准系数	t	标准系数	t
（常量）		0.144		0.290		0.096
Mar	**0.188** ***	5.281				
Gov			**0.070** *	1.895		
Fam					**0.165** ***	4.672
Divert	- 0.165 ***	- 4.748	- 0.165 ***	- 4.666	- 0.173 ***	- 4.955
Independent Director	- 0.096 ***	- 2.683	- 0.097 ***	- 2.658	- 0.093 ***	- 2.598
Firm Age	- 0.034	- 0.959	- 0.023	- 0.634	- 0.006	- 0.179
Size	0.052	1.415	0.059	1.585	0.065 *	1.743
Industry	control		control		control	
Year	control		control		control	
R^2	0.189		0.162		0.182	
Adjust R^2	0.154		0.126		0.148	
F	5.481 ***		4.550 ***		5.249 ***	

注：模型 1 - 1 是市场逻辑与企业绩效的回归模型；模型 1 - 2 是政府逻辑与企业绩效的回归模型；模型 1 - 3 是家族逻辑与企业绩效的回归模型。*** 、* 分别表示在 1%、10% 水平上显著。

以上结果说明，在市场逻辑强的地方，拥有比较完善的市场环境，能够提供良好的自由竞争环境，企业能够通过自身的努力获得所需资源，减少不公平现象，进而提高公司绩效；政府干预较弱的地方，企业受政府干预的概率较小，并且企业成功建立政治关联的可能性越低，管理层越趋于选择股东权益最大化的目标进行经营，提高公司绩效；家族逻辑比较强的企业，目标在于提高整个家族的福祉，企业的决策过程必须要考虑家族的价值观、规范和目标，同时家族逻辑使家族关系更为牢固、紧密、持久，并且影响了家族成员的思想和行为，全心全意为家族基业长青而努力，因此企业绩效越好。

二、制度逻辑与战略变革的关系检验

（一）制度逻辑与战略变革—持续性

如表 5.8 所示，模型 2 - 1 中市场逻辑前的系数为 0.074，且在 10% 的水平上具有显著性，市场逻辑与战略变革—持续性呈显著正相关，与H2-1相一致；模型2-2中政府逻辑前的系数为0.065，且在10%的水平上具有显著性，政府逻辑与战略变革—持续性呈显著正相关，与H2-2相一致；模型2-3中家族逻辑前的系数为0.111，且在1%的水平上具有显著性，家族逻辑与战略变革—持续性呈显著正相关，与H2-3相一致。

表5.8 制度逻辑与战略变革—持续性的回归结果

Strategic Persistence	模型2-1		模型2-2		模型2-3	
	标准系数	t	标准系数	t	标准系数	t
（常量）		-0.280		-0.450		-0.477
Mar	**0.074***	1.956				
Gov			**0.065***	1.693		
Fam					**0.111***	2.997
Divert	-0.035	-0.964	-0.035	-0.940	-0.040	-1.104
Independent Director	-0.067*	-1.771	-0.069*	-1.813	-0.066*	-1.743
Firm Age	-0.015	-0.415	-0.012	-0.313	0.000	-0.011
Size	0.035	0.899	0.037	0.956	0.041	1.056
Industry	control		control		control	
Year	control		control		control	
R^2	0.094		0.093		0.101	
Adjust R^2	0.056		0.055		0.062	
F	2.453***		2.419***		2.636***	

注：模型2-1是市场逻辑与战略变革—持续性的回归模型；模型2-2是政府逻辑与战略变革—持续性的回归模型；模型2-3是家族逻辑与战略变革—持续性的回归模型。***、*分别表示在1%、10%水平上显著。

以上结果说明，市场逻辑较强的企业普遍对广告、研发、固定资产、非生产性支出、存货率以及资产负债率等战略维度有比较精准的预期，为减少频繁的战略变革而耗费大量的资源配置和交易协调成本，倾向于维持现有战略方针不变；政府逻辑较强的企业，政府对经济的干预较多致使企业频繁调整战略，战略变革的持续性较差；家族逻辑较强的企业为实现非经济目标的战略限制了战略调整。

（二）制度逻辑与战略变革—趋同性

如表5.9所示，模型3－1中市场逻辑前的系数为－0.006，不具有显著性，市场逻辑与战略变革—趋同性无显著相关性，与H3－1不一致；模型3－2中政府逻辑前的系数为0.014，不具有显著性，政府逻辑与战略变革—趋同性无显著相关性，与H3－2不一致；模型3－3中家族逻辑前的系数为0.085，且在5%的水平上具有显著性，家族逻辑与战略变革—趋同性呈显著正相关，与H3－3相一致。以上结果说明，市场逻辑与政府逻辑对于企业的战略变革—趋同性无显著影响，企业在进行战略选择时是否与行业战略趋同与市场、政府逻辑无明显关系；家族逻辑越强，企业越倾向于选择与行业趋同的战略。

表5.9　制度逻辑与战略变革—趋同性的回归结果

Strategic Conformity	模型 3 – 1		模型 3 – 2		模型 3 – 3	
	标准系数	t	标准系数	t	标准系数	t
（常量）		– 0. 805		– 0. 898		– 1. 171
Mar	– 0. 006	– 0. 164				
Gov			0. 014	0. 385		
Fam					**0. 085** **	2. 421
Divert	0. 059 *	1. 720	0. 060 *	1. 729	0. 056	1. 627
Independent Director	– 0. 114 ***	– 3. 201	– 0. 114 ***	– 3. 215	– 0. 113 ***	– 3. 203
Firm Age	0. 004	0. 121	0. 004	0. 105	0. 012	0. 335
Size	0. 085 **	2. 309	0. 084 **	2. 298	0. 086 **	2. 369
Industry	control		control		control	
Year	control		control		control	
R^2	0. 199		0. 199		0. 205	
Adjust R^2	0. 165		0. 165		0. 171	
F	5. 838 ***		5. 843 ***		6. 073 ***	

注：模型3－1是市场逻辑与战略变革—趋同性的回归模型；模型3－2是政府逻辑与战略变革—趋同性的回归模型；模型3－3是家族逻辑与战略变革—趋同性的回归模型。***、**、*分别表示在1%、5%、10%水平上显著。

三、战略变革与企业绩效的关系检验

如表 5.10 所示，模型 4 - 1 中战略变革—持续性前的系数为 0.166，且在 1% 的水平上具有显著性，战略变革—持续性与企业绩效呈显著正相关，与 H4 - 1 相一致；模型 4 - 2 中战略变革—趋同性前的系数为 0.048，不具有显著性，战略变革—趋同性与企业绩效无显著相关性，与 H4 - 2 不一致。以上结果说明，战略变革对企业来说并没有发挥其预期的作用，更多的是企业片面追求快捷的反应速度、盲目采取战略变革，这样会带来质量降低、成本提高等隐性问题，降低企业绩效。而选择与行业趋同的战略对企业绩效并无显著的影响。

表 5.10　战略变革与企业绩效的回归结果

ROA	模型 4 - 1		模型 4 - 2	
	标准系数	t	标准系数	t
（常量）		0.781		0.801
Strategic Persistence	**0.166** ***	4.738		
Strategic Conformity			0.048	1.268
Divert	- 0.160 ***	- 4.594	- 0.169 ***	- 4.773
Independent Director	- 0.083 **	- 2.312	- 0.089 **	- 2.420
Firm Age	- 0.020	- 0.564	- 0.022	- 0.611
Size	0.054	1.463	0.056	1.499
Industry	control		control	
Year	control		control	
R^2	0.183		0.160	
Adjust R^2	0.148		0.124	
F	5.273 ***		4.474 ***	

注：模型 4 - 1 是战略变革—持续性与企业绩效的回归模型；模型 4 - 2 是战略变革—趋同性与企业绩效的回归模型。*** 、** 分别表示在 1% 、5% 水平上显著。

四、战略变革在制度逻辑与企业绩效关系之间的中介作用

本节通过建立中介效应模型来检验制度逻辑对企业绩效的作用过程，采用 Baron 和 Kenny（1986）的逐步法（Causal Steps Approach）来检验战略变革的中介效应，即首先检验制度逻辑对企业绩效前的系数 c，然后再检验制度逻辑

对战略变革前的系数 a，最后检验制度逻辑和战略变革同时加入模型后两者前边的系数 c′和 b。具体实施步骤参照温忠麟等（2004）提出的中介效应检验程序和中介效应检验程序示意图（见图 5.2）。

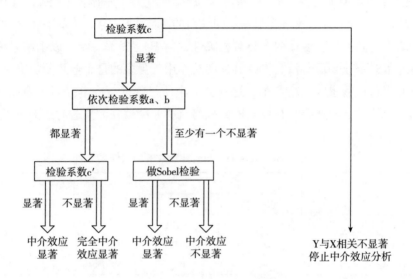

图 5.2　中介效应检验程序示意图

（一）战略变革—持续性在制度逻辑与企业绩效之间的中介作用

模型 5-1 将市场逻辑与战略变革—持续性同时加入，与模型 1-1、模型 2-1 综合分析战略变革—持续性在市场逻辑与企业绩效之间的中介作用；模型 5-2 将政府逻辑与战略变革—持续性同时加入，与模型 1-2、模型 2-2 综合分析战略变革—持续性在政府逻辑与企业绩效之间的中介作用；模型 5-3 将家族逻辑与战略变革—持续性同时加入，与模型 1-3、模型 2-3 综合分析战略变革—持续性在家族逻辑与企业绩效之间的中介作用。

模型 1-1 中系数 c 为 0.188，具有显著性；模型 2-1 中系数 a 为 0.074，具有显著性；模型 5-1 中系数 c′为 0.177，系数 b 为 0.154，均具有显著性，因此战略变革—持续性在市场逻辑与企业绩效之间存在中介效应。模型 1-2 中系数 c 为 0.07，具有显著性；模型 2-2 中系数 a 为 0.065，具有显著性；模型 5-2 中系数 c′为 0.059，系数 b 为 0.163，均具有显著性，因此战略变革—持续性在政府逻辑与企业绩效之间存在中介效应。模型 1-3 中系数 c 为 0.165，具有显著性；模型 2-3 中系数 a 为 0.111，具有显著性；模型 5-3 中

系数 c' 为 0.149，系数 b 为 0.150，均具有显著性，因此战略变革—持续性在家族逻辑与企业绩效之间存在中介效应。以上结果说明，企业面临的制度逻辑对于企业绩效有显著的影响，而战略变革—持续性在其中起到了中介作用（见表 5.11）。

表 5.11　制度逻辑、战略变革—持续性与企业绩效的回归结果

ROA	模型 5－1		模型 5－2		模型 5－3	
	标准系数	t	标准系数	t	标准系数	t
（常量）		0.191		0.371		0.173
Mar	**0.177*****	5.014				
Gov			0.059	1.628		
Fam					**0.149*****	4.225
Strategic Persistence	**0.154*****	4.441	**0.163*****	4.632	**0.150*****	4.298
Divert	− 0.160***	− 4.647	− 0.159***	− 4.567	− 0.167***	− 4.834
Independent Director	− 0.086**	− 2.421	− 0.086**	− 2.379	− 0.083**	− 2.347
Firm Age	− 0.031	− 0.903	− 0.021	− 0.589	− 0.006	− 0.180
Size	0.047	1.284	0.053	1.442	0.058	1.594
Industry	control		control		control	
Year	control		control		control	
R^2	0.210		0.186		0.140	
Adjust R^2	0.176		0.150		0.115	
F	6.063***		5.202***		5.606***	

注：*** 、** 分别表示在 1%、5% 水平上显著。

（二）战略变革—趋同性在制度逻辑与企业绩效之间的中介作用

模型 6－1 将市场逻辑与战略变革—趋同性同时加入，与模型 1－1、模型 3－1 综合分析战略变革—趋同性在市场逻辑与企业绩效之间的中介作用；模型 6－2 将政府逻辑与战略变革—趋同性同时加入，与模型 1－2、模型 3－2 综合分析战略变革—趋同性在政府逻辑与企业绩效之间的中介作用；模型 6－3 将家族逻辑与战略变革—趋同性同时加入，与模型 1－3、模型 3－3 综合分析战略变革—趋同性在家族逻辑与企业绩效之间的中介作用。

模型 1－1 中系数 c 为 0.188，具有显著性；模型 3－1 中系数 a 为

-0.006，不具有显著性；模型 6 - 1 中系数 c′为 0.189，具有显著性，系数 b 为 0.049，不具有显著性，根据中介效应检验程序示意图，系数 a 和系数 b 均不具有显著性，因此中介效应不显著。

模型 1 - 2 中系数 c 为 0.07，具有显著性；模型 3 - 2 中系数 a 为 0.014，不具有显著性；模型 6 - 1 中系数 c′为 0.069，具有显著性，系数 b 为 0.047，不具有显著性，根据中介效应检验程序示意图，系数 a 和系数 b 均不具有显著性，因此中介效应不显著。

模型 1 - 3 中系数 c 为 0.165，具有显著性；模型 3 - 3 中系数 a 为 0.085，具有显著性；模型 6 - 1 中系数 c′为 0.163，具有显著性，系数 b 为 0.033，不具有显著性，根据图 5.2 中介效应检验程序的步骤，系数 c 显著为正，系数 a 显著为正，系数 b 不显著，因此需要做 Sobel 检验，$S_{ab} = \sqrt{a^2 S_b^2 + b^2 S_a^2}$，检验统计量 $z = ab/S_{ab}$，经过计算 z = 0.035，P 值 > 0.05 说明中介效应并不显著。以上结果说明，虽然制度逻辑会影响企业绩效，但并不是通过影响战略变革的趋同性作用于企业绩效，更多的是通过战略变革的持续性作用于企业绩效（见表 5.12）。

表 5.12　制度逻辑、战略变革—趋同性与企业绩效的回归关系检验

ROA	模型 6 - 1		模型 6 - 2		模型 6 - 3	
	标准系数	t	标准系数	t	标准系数	t
（常量）		0.183		0.331		0.134
Mar	**0.189 *****	5.292				
Gov			**0.069 ***	1.877		
Fam					**0.163 *****	4.575
Strategic Conformity	0.049	1.323	0.047	1.243	0.033	0.872
Divert	-0.168 ***	-4.825	-0.168 ***	-4.737	-0.090 **	-2.477
Independent Director	-0.090 **	-2.510	-0.091 **	-2.494	-0.007	-0.190
Firm Age	-0.034	-0.965	-0.023	-0.639	0.062 *	1.660
Size	0.048	1.298	0.055	1.474	0.062 **	2.005
Industry	control		control		control	
Year	control		control		control	
R^2	0.191		0.164		0.183	

ROA	模型 6 – 1		模型 6 – 2		模型 6 – 3	
	标准系数	t	标准系数	t	标准系数	t
Adjust R^2	0. 155		0. 127		0. 147	
F	5. 370 ***		4. 460 ***		5. 107 ***	

注：*** 、** 、* 分别表示在 1% 、5% 、10% 水平上显著。

五、CEO 特征的调节作用

（一）CEO 开放性的调节作用

本节主要研究 CEO 开放性的调节效应，调节效应的检验主要采用 Cohen 等（2014）的方法（下同），采用逐步加入控制变量、自变量、调节变量、自变量与调节变量的交互项进行层级回归模型分析。为了解决加入交互项后所带来的多重共线性问题，按照通行的做法，首先分别对自变量、调节变量进行了中心化处理，其次用处理后的数据计算交互项并代入回归方程中得出结论。

1. CEO 开放性在制度逻辑与战略变革—持续性之间的调节作用

模型 2 – 1、模型 7 – 1a、模型 7 – 1b 用来检验 CEO 开放性在市场逻辑与战略变革—持续性之间的调节作用，模型 2 – 1 为市场逻辑对战略变革—持续性的回归模型，市场逻辑前的系数为 0. 074，且在 10% 的水平上具有显著性，市场逻辑与战略变革—持续性有显著的正相关关系；模型 7 – 1a 为加入调节变量后的模型，市场逻辑前的系数为 0. 073，且在 10% 的水平上具有显著性，CEO 开放性前的系数为 0. 028，且不具有显著性，说明市场逻辑与战略变革—持续性呈显著正相关，但 CEO 开放性与战略变革—持续性无显著性；模型 7 – 1b 为加入调节变量、自变量与调节变量的交互项的模型，市场逻辑前的系数为 0. 078，且在 5% 的水平上具有显著性，CEO 开放性前的系数为 0. 025，且不具有显著性，市场逻辑与 CEO 开放性的交互项前的系数为 – 0. 078，且在 5% 的水平上具有显著性，说明市场逻辑对战略变革—持续性有显著正向影响，CEO 开放性对战略变革—持续性无显著影响，但是市场逻辑与 CEO 开放性的交互项对战略变革—持续性有显著负向影响，因此 CEO 开放性在市场逻辑与战略变革—持续性之间存在负向调节作用。

模型 2 – 2、模型 7 – 2a、模型 7 – 2b 用来检验 CEO 开放性在政府逻辑与战略变革—持续性之间的调节作用，模型 2 – 2 为政府逻辑对战略变革—持续性的回归模型，政府逻辑前的系数为 0. 065，且在 10% 的水平上具有显著性，政府逻辑与战略变革—持续性有显著的正相关关系；模型7－2a 为加入调节变量后的模型，政府逻辑前的系数为 0.067，且在 10% 的水平上具有显著性，CEO 开放性前的系数为 0.032，且不具有显著性，说明政府逻辑与战略变革—持续性呈显著正相关，但 CEO 开放性与战略变革—持续性无显著关系；模型7－2b 为加入调节变量、自变量与调节变量交互项的模型，政府逻辑前的系数为 0.067，且在 10% 的水平上具有显著性，CEO 开放性前的系数为 0.032，且不具有显著性，政府逻辑与 CEO 开放性的交互项前的系数为 －0.044，且不具有显著性，政府逻辑对战略变革—持续性有显著正向影响，但 CEO 开发性对战略变革—持续性无显著影响，政府逻辑与 CEO 开放性的交互项对战略变革—持续性也无显著影响，因此 CEO 开放性在政府逻辑与战略变革—持续性之间不存在调节作用。

模型2－3、模型7－3a、模型7－3b 用来检验 CEO 开放性在家族逻辑与战略变革—持续性之间的调节作用，模型2－3 为家族逻辑对战略变革—持续性的回归模型，家族逻辑前的系数为 0.111，且在 1% 的水平上具有显著性，家族逻辑对战略变革—持续性有显著的正向影响；模型7－3a 为加入调节变量后的模型，家族逻辑前的系数为 0.111，且在 1% 的水平上具有显著性，CEO 开放性前的系数为 0.026，且不具有显著性，说明家族逻辑对战略变革—持续性有显著正向影响，但 CEO 开放性对战略变革—持续性无显著影响；模型7－3b 为加入调节变量、自变量与调节变量交互项的模型，家族逻辑前的系数为 0.107，且在 1% 的水平上具有显著性，CEO 开放性前的系数为 0.028，且不具有显著性，家族逻辑与 CEO 开放性的交互项前的系数为 0.038，且不具有显著性，说明家族逻辑对战略变革—持续性有显著正向影响，但 CEO 开放性对战略变革—持续性无显著影响，家族逻辑与 CEO 开放性的交互项对战略变革—持续性也无显著影响，因此 CEO 开放性在家族逻辑与战略变革—持续性之间不存在调节作用。

以上结果说明，在三种制度逻辑中，CEO 开放性仅在市场逻辑与战略变革—持续性之间存在负向调节作用，在政府逻辑和家族逻辑中均不存在调节作用（见表5.13）。

2. CEO 开放性在制度逻辑与战略变革—趋同性之间的调节作用

模型3－1、模型8－1a、模型8－1b 用来检验 CEO 开放性在市场逻辑与战略变革—趋同性之间的调节作用，模型3－1 为对市场逻辑与战略变革—趋同性调节作用的回归模型结果，市场逻辑前的系数为 －0.006，不具有显著性，

表5.13 制度逻辑、CEO开放性与战略变革—持续性的回归关系检验

Strategic Persistence	模型7-1a		模型7-1b		模型7-2a		模型7-2b		模型7-3a		模型7-3b	
	标准系数	t	标准系数	t	标准系数	t	标准系数	t	标准系数	t	标准系数	t
（常量）		-0.218		-0.013		-0.392		0.135		-0.417		-0.153
Mar	0.073*	1.948	0.078**	2.071								
Ceoopen	0.028	0.742	0.025	0.668								
Mar×Ceoopen			-0.078**	-2.153								
Gov					0.067*	1.732	0.067*	1.733				
Ceoopen					0.032	0.844	0.032	0.839				
Gov×Ceoopen							-0.044	-1.210				
Fam									0.111***	2.978	0.107***	2.871
Ceoopen									0.026	0.689	0.028	0.732
Fam×Ceoopen											0.038	1.043
Divert	-0.039	-1.054	-0.042	-1.147	-0.039**	-1.043	-0.042**	-1.133	-0.044	-1.185	-0.041	-1.115
Independent Director	-0.065*	-1.723	-0.067*	-1.763	-0.067*	-1.759	-0.065*	-1.715	-0.064*	-1.698	-0.063*	-1.659
Firm Age	-0.012	-0.331	-0.007	-0.197	-0.008***	-0.219	-0.008***	-0.216	0.002	0.063	0.005	0.127
Size	0.032	0.819	0.039	0.984	0.034**	0.864	0.030**	0.760	0.038	0.980	0.040	1.022
Industry	control		control		control		control		control		control	
Year	control		control		control		control		control		control	
R²	0.095		0.101		0.094		0.096		0.062		0.064	
Adjust R²	0.055		0.060		0.054		0.055		0.035		0.036	
F	2.392***		2.472***		2.365***		2.339***		2.285***		2.270***	

注：***、**、*分别表示在1%、5%、10%水平上显著。

市场逻辑对战略变革—趋同性无显著影响；模型 8 – 1a 为加入调节变量后的模型，市场逻辑前的系数为 – 0.006，CEO 开放性前的系数为 0.014，均不具有显著性，说明市场逻辑对战略变革—趋同性无显著影响，CEO 开放性对战略变革—趋同性无显著影响；模型 8 – 1b 为加入调节变量、自变量与调节变量交互项的模型，市场逻辑前的系数为 – 0.001，CEO 开放性前的系数为 0.011，均不具有显著性，市场逻辑与 CEO 开放性的交互项前的系数为 – 0.081，且在 5% 的水平上具有显著性，说明市场逻辑对战略变革—趋同性无显著影响，CEO 开放性对战略变革—趋同性无显著影响，但市场逻辑与 CEO 开放性的交互项与战略变革—趋同性呈显著负相关，因此，CEO 开放性在市场逻辑与战略变革—趋同性之间存在负向调节作用，虽然市场逻辑、CEO 开放性单独对战略变革—趋同性无显著影响，但是两者同时作用于战略变革—趋同性时对战略变革—趋同性具有负向影响。

模型 3 – 2、模型 8 – 2a、模型 8 – 2b 用来检验 CEO 开放性在政府逻辑与战略变革—趋同性之间的调节作用，在 3 个模型中，政府逻辑、CEO 开放性以及两者的交互项均对战略变革—趋同性无显著影响，说明 CEO 开放性在政府逻辑与战略变革—趋同性之间不存在调节作用。

模型 3 – 3、模型 8 – 3a、模型 8 – 3b 用来检验 CEO 开放性在家族逻辑与战略变革—趋同性之间的调节作用，模型 3 – 3 为家族逻辑影响战略变革—趋同性的回归模型，家族逻辑前的系数为 0.085，且在 5% 的水平上具有显著性，家族逻辑对战略变革—趋同性有显著正向影响；模型 8 – 3a 为加入调节变量后的模型，家族逻辑前的系数为 0.084，且在 5% 的水平上具有显著性，CEO 开放性前的系数为 0.012，不具有显著性，说明家族逻辑对战略变革—趋同性存在显著正向影响，但 CEO 开放性对战略变革—趋同性无显著影响；模型 8 – 3b 为加入调节变量、自变量与调节变量交互项的模型，家族逻辑前的系数为 0.086，且在 5% 的水平上具有显著性，CEO 开放性前的系数为 0.011，且不具有显著性，家族逻辑与 CEO 开放性交互项前的系数为 – 0.023，且不具有显著性，说明家族逻辑对战略变革—趋同性存在显著正向影响，但 CEO 开放性，以及家族逻辑与 CEO 开放性的交互项对战略变革—趋同性均无显著影响，因此 CEO 开放性在家族逻辑与战略变革—趋同性之间不存在调节作用。

以上结果说明，在三种制度逻辑中，CEO 仅在市场逻辑与战略变革—趋同性之间存在负向调节作用，在政府逻辑和家族逻辑中均不存在调节作用（见表 5.14）。

表 5.14　制度逻辑、CEO 开放性与战略变革变革一趋同性的回归关系检验

Strategic Conformity	模型 8 - 1a 标准系数	t	模型 8 - 1b 标准系数	t	模型 8 - 2a 标准系数	t	模型 8 - 2b 标准系数	t	模型 8 - 3a 标准系数	t	模型 8 - 3b 标准系数	t
（常量）		-0.770		-0.944		-0.868		-0.720		-1.139		-0.825
Mar	-0.006	-0.168	-0.001	-0.034								
Ceoopen	0.014	0.388	0.011	0.305								
Mar×Ceoopen			-0.081**	-2.390								
Gov					0.015	0.405	0.015	0.405				
Ceoopen					0.014	0.406	0.014	0.402				
Gov×Ceoopen							-0.029	-0.855				
Fam									0.084**	2.411	0.086**	2.462
Ceoopen									0.012	0.328	0.011	0.299
Fam×Ceoopen											-0.023	-0.680
Divert	0.058*	1.652	0.054	1.554	0.058*	1.659	0.056	1.589	0.055	1.568	0.053	1.520
Independent Director	-0.113***	-3.170	-0.114***	-3.220	-0.113***	-3.184	-0.112***	-3.150	-0.113***	-3.175	-0.114***	-3.197
Firm Age	0.006	0.163	0.011	0.312	0.005	0.149	0.005	0.151	0.013*	0.368	0.011	0.325
Size	0.083**	2.257	0.090**	2.441	0.083**	2.243	0.080**	2.164	0.085**	2.322	0.084**	2.290
Industry	control		control		control		control		control		control	
Year	control		control		control		control		control		control	
R²	0.199		0.205		0.199		0.200		0.205		0.209	
Adjust R²	0.164		0.169		0.164		0.164		0.170		0.173	
F	5.654***		5.691***		5.569***		5.508***		5.879***		5.817***	

注：***、**、* 分别表示在 1%、5%、10% 水平上显著。

（二）CEO 持股量的调节作用分析

1. CEO 持股量在制度逻辑与战略变革—持续性之间的调节作用

模型 2 - 1、模型 9 - 1a、模型 9 - 1b 用来检验 CEO 持股量在市场逻辑与战略变革—持续性之间的调节作用，模型 2 - 1 为市场逻辑对战略变革—持续性的回归模型，市场逻辑前的系数为 0.074，且在 10% 的水平上具有显著性，市场逻辑对战略变革—持续性有显著的正向影响；模型 9 - 1a 为加入调节变量后的模型，市场逻辑前的系数为 0.079，且在 5% 的水平上具有显著性，CEO 持股量前的系数为 - 0.046，不具有显著性，说明市场逻辑与战略变革—持续性呈显著正相关，但 CEO 持股量对战略变革—持续性无显著相关影响；模型 9 - 1b 为加入调节变量、自变量与调节变量交互项的模型，市场逻辑前的系数为 0.090，且在 5% 的水平上具有显著性，CEO 持股量前的系数为 - 0.039，不具有显著性，市场逻辑与 CEO 持股量交互项前的系数为 - 0.076，且在 5% 的水平上具有显著性，说明市场逻辑与战略变革—持续性呈显著正相关，CEO 持股量对战略变革—持续性无显著影响，但市场逻辑与 CEO 持股量的交互项与战略变革—持续性呈显著负相关，因此 CEO 持股量在市场逻辑与战略变革—持续性之间存在负向调节作用。

模型 2 - 2、模型 9 - 2a、模型 9 - 2b 用来检验 CEO 持股量在政府逻辑与战略变革—持续性之间的调节作用，模型 2 - 2 为政府逻辑对战略变革—持续性的回归模型，政府逻辑前的系数为 0.065，且在 10% 的水平上具有显著性，政府逻辑对战略变革—持续性有显著的正向影响；模型 9 - 2a 为加入调节变量后的模型，政府逻辑前的系数为 0.070，且在 10% 的水平上具有显著性，CEO 持股量前的系数为 - 0.043，不具有显著性，说明政府逻辑与战略变革—持续性呈显著正相关，但 CEO 持股量对战略变革—持续性无显著影响；模型 9 - 2b 为加入调节变量、自变量与调节变量交互项的模型，政府逻辑前的系数为 0.054，且在 10% 的水平上具有显著性，CEO 持股量前的系数为 - 0.020，不具有显著性，政府逻辑与 CEO 持股量的交互项前的系数为 - 0.099，且在 1% 的水平上具有显著性，说明政府逻辑与战略变革—持续性呈显著正相关，CEO 持股量对战略变革—持续性无显著影响，但政府逻辑与 CEO 持股量的交互项与战略变革—持续性呈显著负相关，因此 CEO 持股量在政府逻辑与战略变革—持续性之间存在负向调节作用。

模型 2 - 3、模型 9 - 3a、模型 9 - 3b 用来检验 CEO 持股量家族逻辑与战略变革—持续性之间的调节作用，模型 2 - 3 为家族逻辑对战略变革—持续性的回归模型，家族逻辑前的系数为0.111，且在1%的水平上具有显著性，家族逻辑与战略变革—持续性呈显著的正相关；模型9－3a为加入调节变量后的模型，家族逻辑前的系数为0.116，且在1%的水平上具有显著性，CEO持股量前的系数为－0.049，不具有显著性，说明家族逻辑与战略变革—持续性呈显著正相关，但CEO持股量对战略变革—持续性无显著影响；模型9－3b为加入调节变量、自变量与调节变量交互项的模型，家族逻辑前的系数为0.121，且在1%的水平上具有显著性，CEO持股量前的系数为－0.065，不具有显著性，家族逻辑与CEO持股量交互项前的系数为0.040，不具有显著性，说明家族逻辑与战略变革—持续性呈显著正相关，但家族逻辑以及家族逻辑和CEO持股量的交互项对战略变革—持续性无显著影响，因此CEO持股量在家族逻辑与战略变革—持续性之间不存在负向调节作用。

以上结果说明，CEO持股量在市场逻辑、政府逻辑中，对战略变革—持续性存在调节作用，而在家族逻辑中不存在调节作用（见表5.15）。

2. CEO持股量在制度逻辑与战略变革—趋同性之间的调节作用

模型3－1、模型10－1a、模型10－1b用来检验CEO持股量在市场逻辑与战略变革—趋同性之间的调节作用，在3个模型中，市场逻辑、CEO持股量以及两者的交互项均对战略变革—趋同性无显著影响，说明CEO持股量在市场逻辑与战略变革—趋同性之间不存在调节作用。

模型3－2、模型10－2a、模型10－2b用来检验CEO持股量在政府逻辑与战略变革—趋同性之间的调节作用，在3个模型中，政府逻辑、CEO持股量以及两者的交互项均对战略变革—趋同性无显著影响，说明CEO持股量在政府逻辑与战略变革—趋同性之间不存在调节作用。

模型3－3、模型10－3a、模型10－3b用来检验CEO持股量在家族逻辑与战略变革—趋同性之间的调节作用，模型3－3为家族逻辑对战略变革—趋同性的回归模型，家族逻辑前的系数为0.085，且在5%的水平上具有显著性，家族逻辑与战略变革—趋同性呈显著正相关；模型10－3a为加入调节变量后的模型，家族逻辑前的系数为0.088，且在5%的水平上具有显著性，CEO持股量前的系数为－0.037，不具有显著性，说明家族逻辑与战略变革—趋同性呈显著正相关，但CEO持股量对战略变革—趋同性无显著影响；模型10－3b为加入调节变量、自变量与调节变量的交互项的模型，家族逻辑前的系数为0.095，且在1%的水平上具有显著性，CEO持股量前的系数为－0.060，不具有显著性，家族逻辑与CEO持股量交互项前的系数为0.057，不具有显著性，说

表5.15　制度逻辑、CEO持股量与战略变革—持续性的回归关系检验

Strategic Persistence	模型 9－1a		模型 9－1b		模型 9－2a		模型 9－2b		模型 9－3a		模型 9－3b	
	标准系数	t	标准系数	t	标准系数	t	标准系数	t	标准系数	t	标准系数	t
（常量）		-0.236		0.241		-0.422		-0.124		-0.431		-0.151
Mar	0.079**	2.078	0.090**	2.364								
Ceoshar	-0.046	-1.152	-0.039	-0.982								
Mar×Ceoshar			-0.076**	-2.022								
Gov					0.070*	1.802	0.054**	1.379				
Ceoshar					-0.043	-1.101	-0.020	-0.509				
Gov×Ceoshar							-0.099***	-2.633				
Fam									0.116***	3.119	0.121***	3.214
Ceoshar									-0.049	-1.256	-0.065	-1.542
Fam×Ceoshar											0.040	1.007
Divert	-0.023	-0.588	-0.021	-0.559	-0.022	-0.578	-0.022	-0.568	-0.027	-0.700	-0.024	-0.617
Independent Director	-0.067*	-1.775	-0.070*	-1.866	-0.069*	-1.819	-0.070*	-1.864	-0.066*	-1.745	-0.064*	-1.701
Firm Age	-0.014	-0.386	-0.012	-0.328	-0.010	-0.278	-0.009	-0.242	0.002	0.043	-0.003	-0.068
Size	0.031	0.804	0.026	0.666	0.034	0.868	0.040	1.017	0.037	0.962	0.038	0.989
Industry	control		control		control		control		control		control	
Year	control		control		control		control		control		control	
R²	0.096		0.101		0.095		0.103		0.062		0.104	
Adjust R²	0.056		0.060		0.055		0.063		0.035		0.063	
F	2.419***		2.479***		2.382***		2.539***		2.285***		2.557***	

注：***、**、*分别表示在1%、5%、10%水平上显著。

明家族逻辑对战略变革—趋同性存在显著正向影响，但 CEO 持股量，以及家族逻辑与 CEO 持股量的交互项对战略变革—趋同性均无显著影响，因此 CEO 持股量在家族逻辑与战略变革—趋同性之间不存在调节作用。

以上结果说明，CEO 持股量在三种制度逻辑与战略变革—趋同性之间都不存在调节作用（见表 5.16）。

（三）CEO 自主权的调节作用分析

1. CEO 自主权在制度逻辑与战略变革—持续性之间的调节作用

模型 2-1、模型 11-1a、模型 11-1b 用来检验 CEO 自主权在市场逻辑与战略变革—持续性之间的调节作用，模型 2-1 为市场逻辑对战略变革—持续性的回归模型，市场逻辑前的系数为 0.074，且在 10% 的水平上具有显著性，市场逻辑对战略变革—持续性有显著的正向影响；模型 11-1a 为加入调节变量后的模型，市场逻辑前的系数为 0.076，且在 5% 的水平上具有显著性，CEO 自主权前的系数为 -0.055，不具有显著性，说明市场逻辑与战略变革—持续性呈显著正相关，但 CEO 自主权对战略变革—持续性无显著影响；模型 11-1b 为加入调节变量、自变量与调节变量交互项的模型，市场逻辑前的系数为 0.066，CEO 自主权前的系数为 -0.055，市场逻辑与 CEO 自主权交互项前的系数为 0.015，均不具有显著性，说明市场逻辑、CEO 自主权以及两者的交互项均对战略变革—持续性不存在显著影响，因此 CEO 自主权在市场逻辑与战略变革—持续性之间不存在调节作用。

模型 2-2、模型 11-2a、模型 11-2b 用来检验 CEO 自主权在政府逻辑与战略变革—持续性之间的调节作用，模型 2-2 为政府逻辑对战略变革—持续性的回归模型，政府逻辑前的系数为 0.065，且在 10% 的水平上具有显著性，政府逻辑对战略变革—持续性有显著的正向影响；模型 11-2a 为加入调节变量后的模型，政府逻辑前的系数为 0.073，且在 10% 的水平上具有显著性，CEO 自主权前的系数为 -0.062，且在 10% 的水平上具有显著性，说明政府逻辑与战略变革—持续性呈显著正相关，CEO 自主权与战略变革—持续性呈显著负相关；模型 11-2b 为加入调节变量、自变量与调节变量交互项的模型，CEO 自主权与战略变革—持续性呈显著负相关，但政府逻辑以及政府逻辑与 CEO 自主权的交互项对战略变革—持续性无显著影响，说明 CEO 自主权在政府逻辑与战略变革—持续性之间不存在调节作用。

模型 2-3、模型 11-3a、模型 11-3b 用来检验 CEO 自主权在家族逻辑与战略变革—持续性之间的调节作用，模型 2-3 为家族逻辑对战略变革—持续

表5.16 制度逻辑、CEO持股量与战略变革一趋同性的回归关系检验

Strategic Conformity	模型10-1a 标准系数	t	模型10-1b 标准系数	t	模型10-2a 标准系数	t	模型10-2b 标准系数	t	模型10-3a 标准系数	t	模型10-3b 标准系数	t
(常量)		-0.777		-0.849		-0.878		-0.826		-1.134		-0.947
Mar	-0.003	-0.078	-0.006	-0.159								
Ceoshar	-0.027	-0.717	-0.028	-0.759								
Mar × Ceoshar			0.019	0.540								
Gov					0.017	0.467	0.014	0.381				
Ceoshar					-0.029	-0.778	-0.025	-0.647				
Gov × Ceoshar							-0.018	-0.514				
Fam									0.088**	2.518	0.095***	2.678
Ceoshar									-0.037	-1.009	-0.060	-1.509
Fam × Ceoshar											0.057	1.529
Divert	0.067*	1.853	0.067*	1.844	0.068*	1.880	0.068*	1.882	0.066*	1.847	0.071**	1.965
Independent Director	-0.114***	-3.202	-0.113***	-3.174	-0.114***	-3.219	-0.115***	-3.224	-0.113***	-3.204	-0.111***	-3.140
Firm Age	0.005	0.139	0.004	0.123	0.005	0.129	0.005	0.137	0.013	0.378	0.007	0.207
Size	0.083**	2.243	0.084**	2.274	0.082**	2.231	0.083**	2.255	0.084**	2.289	0.085**	2.331
Industry	control		control		control		control		control		control	
Year	control		control		control		control		control		control	
R^2	0.199		0.205		0.199		0.200		0.206		0.209	
Adjust R^2	0.164		0.169		0.164		0.163		0.171		0.173	
F	5.668***		5.691***		5.676***		5.507***		5.915***		5.817***	

注：***、**、* 分别表示在1%、5%、10%水平上显著。

性的回归模型，家族逻辑前的系数为 0.111，且在 1% 的水平上具有显著性，说明家族逻辑对战略变革—持续性有显著的正向影响；模型 11 – 3a 为加入调节变量后的模型，家族逻辑前的系数为 0.113，且在 1% 的水平上具有显著性，CEO 自主权前的系数为 – 0.057，不具有显著性，说明家族逻辑与战略变革—持续性呈显著正相关，但 CEO 自主权对战略变革—持续性无显著影响；模型 11 – 3b 为加入调节变量、自变量与调节变量交互项的模型，家族逻辑前的系数为 0.111，且在 5% 的水平上具有显著性，CEO 自主权前的系数为 – 0.057，家族逻辑与 CEO 自主权交互项前的系数为 0.004，均不具有显著性，说明家族逻辑对战略变革—持续性具有显著正向影响，但 CEO 自主权以及两者的交互项均对战略变革—持续性不存在显著影响，因此 CEO 自主权在家族逻辑与战略变革—持续性之间不存在调节作用。

以上结果说明，CEO 自主权在三种制度逻辑与战略变革—持续性之间都不存在调节作用（见表 5.17）。

2. CEO 自主权在制度逻辑与战略变革—趋同性之间的调节作用

模型 3 – 1、模型 12 – 1a、模型 12 – 1b 用来检验 CEO 自主权在市场逻辑与战略变革—趋同性之间的调节作用，在 3 个模型中，市场逻辑、CEO 自主权以及两者的交互项均对战略变革—趋同性无显著影响，说明 CEO 自主权在市场逻辑与战略变革—趋同性之间不存在调节作用。

模型 3 – 2、模型 12 – 2a、模型 12 – 2b 用来检验 CEO 自主权在政府逻辑与战略变革—趋同性之间的调节作用，在 3 个模型中，政府逻辑、CEO 自主权以及两者的交互项均对战略变革—趋同性无显著影响，说明 CEO 自主权在政府逻辑与战略变革—趋同性之间不存在调节作用。

模型 3 – 3、模型 12 – 3a、模型 12 – 3b 用来检验 CEO 自主权在家族逻辑与战略变革—趋同性之间的调节作用，模型 3 – 3 为家族逻辑对战略变革—趋同性的回归模型，家族逻辑前的系数为 0.085，且在 5% 的水平上具有显著性，说明家族逻辑对战略变革—趋同性有显著正向影响；模型 12 – 3a 为加入调节变量后的模型，家族逻辑前的系数为 0.086，且在 5% 的水平上具有显著性，CEO 自主权前的系数为 – 0.032，不具有显著性，说明家族逻辑对战略变革—趋同性存在显著正向影响，但 CEO 自主权对战略变革—趋同性无显著影响；模型 12 – 3b 为加入调节变量、自变量与调节变量的交互项的模型，家族逻辑前的系数为 0.030，CEO 自主权前的系数为 – 0.034，均不具有显著性，家族逻辑与 CEO 自主权交互项前的系数为 0.086，且在 5% 的水平上显著，说明家

表 5.17 制度逻辑、CEO 自主权与战略变革—持续性的回归关系检验

Strategic Persistence	模型 11-1a 标准系数	t	模型 11-1b 标准系数	t	模型 11-2a 标准系数	t	模型 11-2b 标准系数	t	模型 11-3a 标准系数	t	模型 11-3b 标准系数	t
（常量）		-0.194		0.130		-0.400		0.080		-0.389		-0.048
Mar	0.076**	2.010	0.066	1.383								
Ceopwer	-0.055	-1.499	-0.055	-1.498								
Mar×Ceopwer			0.015	0.318								
Gov					0.073*	1.892	0.072	1.558				
Ceopwer					-0.062*	-1.657	-0.062*	-1.656				
Gov×Ceopwer							0.003	0.058				
Fam									0.113***	3.054	0.111**	2.315
Ceopwer									-0.057	-1.543	-0.057	-1.544
Fam×Ceopwer											0.004	0.083
Divert	-0.032	-0.878	-0.033	-0.899	-0.031	-0.841	-0.031	-0.842	-0.037	-1.019	-0.037	-1.002
Independent Director	-0.066*	-1.759	-0.066*	-1.740	-0.068*	-1.807	-0.068*	-1.794	-0.065*	-1.730	-0.065*	-1.728
Firm Age	-0.018	-0.481	-0.018	-0.481	-0.014	-0.385	-0.014	-0.385	-0.003	-0.069	-0.003	-0.074
Size	0.033	0.838	0.033	0.855	0.035	0.886	0.034	0.882	0.039	0.997	0.039	0.998
Industry	control		control		control		control		control		control	
Year	control		control		control		control		control		control	
R²	0.097		0.097		0.097		0.103		0.104		0.104	
Adjust R²	0.057		0.056		0.057		0.063		0.064		0.063	
F	2.451***		2.376***		2.435***		2.539***		2.633***		2.549***	

注：***、**、*分别表示在 1%、5%、10% 水平上显著。

族逻辑、CEO 自主权对战略变革—趋同性无显著影响，但家族逻辑与 CEO 自主权的交互项对战略变革—趋同性呈显著正向影响，因此 CEO 自主权在家族逻辑与战略变革—趋同性之间存在正向调节作用。

以上结果说明，在三种制度逻辑中，CEO 自主权仅在家族逻辑与战略变革—趋同性之间存在正向调节作用，在市场逻辑和政府逻辑中均不存在调节作用（见表 5.18）。

六、组织冗余的调节作用

（一）组织冗余在制度逻辑与战略变革—持续性之间的调节作用

模型 2 - 1、模型 13 - 1a、模型 13 - 1b 用来检验组织冗余在市场逻辑与战略变革—持续性之间的调节作用，模型 2 - 1 为市场逻辑对战略变革—持续性的回归模型，市场逻辑前的系数为 0.074，且在 10% 的水平上具有显著性，说明市场逻辑对战略变革—持续性有显著的正向影响；模型 13 - 1a 为加入调节变量后的模型，市场逻辑前的系数为 0.070，且在 10% 的水平上具有显著性，组织冗余前的系数为 - 0.178，且在 1% 的水平上显著，说明市场逻辑与战略变革—持续性呈显著正相关，组织冗余与战略变革—持续性呈显著负相关；模型 13 - 1b 为加入调节变量、自变量与调节变量交互项的模型，市场逻辑前的系数为 0.073，且在 5% 的水平上具有显著性，组织冗余前的系数为 - 0.161，且在 1% 的水平上显著，市场逻辑与组织冗余交互项前的系数为 0.081，且在 5% 的水平上显著，说明市场逻辑与战略变革—持续性呈显著正相关，组织冗余与战略变革—持续性呈显著负相关，市场逻辑与组织冗余的交互项与战略变革—持续性呈显著正相关，因此组织冗余在市场逻辑与战略变革—持续性之间存在正向调节作用。

模型 2 - 2、模型 13 - 2a、模型 13 - 2b 用来检验组织冗余在政府逻辑与战略变革—持续性之间的调节作用，模型 2 - 2 为政府逻辑对战略变革—持续性的回归模型，政府逻辑前的系数为 0.065，且在 10% 的水平上具有显著性，说明政府逻辑对战略变革—持续性有显著的正向影响；模型 13 - 2a 为加入调节变量后的模型，政府逻辑前的系数为 0.043，不具有显著性，组织冗余前的系数为 - 0.174，且在 1% 的水平上具有显著性，说明政府逻辑对战略变革—持续性无显著影响，组织冗余与战略变革—持续性呈显著负相关；模型 13 - 2b 为加入调节变量、自变量与调节变量交互项的模型，政府逻辑前的系数为 0.041，不具有显著性，组织冗余前的系数为 - 0.138，且在 1% 的水平上具有

表5.18 制度逻辑、CEO自主权与战略变革一趋同性的回归关系检验

Strategic Conformity	模型 12－1a		模型 12－1b		模型 12－2a		模型 12－2b		模型 12－3a		模型 12－3b	
	标准系数	t	标准系数	t	标准系数	t	标准系数	t	标准系数	t	标准系数	t
（常量）		-0.756		-0.813		-0.871		-0.755		-1.118		-0.953
Mar	-0.005	-0.135	-0.020	-0.433								
Ceopwer	-0.028	-0.816	-0.028	-0.815								
Mar×Ceopwer			0.023	0.529								
Gov					0.018	0.494	0.011	0.249				
Ceopwer					-0.031	-0.878	-0.031	-0.897				
Gov×Ceopwer							0.013	0.306				
Fam									0.086**	2.452	0.030	0.658
Ceopwer									-0.032	-0.913	-0.034	-0.991
Fam×Ceopwer											0.086**	1.978
Divert	0.061	1.763	0.060	1.719	0.062*	1.778	0.061*	1.746	0.058*	1.674	0.065*	1.886
Independent Director	-0.114***	-3.193	-0.113***	-3.162	-0.114***	-3.210	-0.113***	-3.172	-0.113***	-3.194	-0.112***	-3.179
Firm Age	0.003	0.085	0.003	0.083	0.002	0.067	0.002	0.068	0.010	0.300	0.007	0.199
Size	0.083**	2.273	0.085**	2.300	0.083**	2.259	0.082**	2.239	0.085**	2.332	0.088**	2.412
Industry	control		control		control		control		control		control	
Year	control		control		control		control		control		control	
R^2	0.199		0.200		0.200		0.200		0.206		0.210	
Adjust R^2	0.164		0.163		0.165		0.163		0.171		0.174	
F	5.674***		5.505***		5.683***		5.506***		5.908***		5.870***	

注：***、**、* 分别表示在1%、5%、10%水平上显著。

显著性，政府逻辑与组织冗余交互项前的系数为 0.093，且在 5% 的水平上具有显著性，说明政府逻辑对战略变革—持续性无显著影响，组织冗余与战略变革—持续性呈显著负相关，政府逻辑与组织冗余的交互项与战略变革—持续性呈显著正相关，因此组织冗余在政府逻辑与战略变革—持续性之间存在正向调节作用。

模型 2 - 3、模型 13 - 3a、模型 13 - 3b 用来检验组织冗余在家族逻辑与战略变革—持续性之间的调节作用，模型 2 - 3 为家族逻辑对战略变革—持续性的回归模型，家族逻辑前的系数为 0.111，且在 1% 的水平上具有显著性，说明家族逻辑对战略变革—持续性有显著的正向影响；模型 13 - 3a 为加入调节变量后的模型，家族逻辑前的系数为 0.110，且在 1% 的水平上具有显著性，组织冗余前的系数为 - 0.179，且在 1% 的水平上具有显著性，说明家族逻辑与战略变革—持续性呈显著正相关，组织冗余与战略变革—持续性呈显著负相关；模型 13 - 3b 为加入调节变量、自变量与调节变量交互项的模型，家族逻辑前的系数为 0.101，且在 1% 的水平上具有显著性，组织冗余前的系数为 - 0.165，且在 1% 的水平上具有显著性，家族逻辑与组织冗余交互项前的系数为 0.121，且在 1% 的水平上具有显著性，说明家族逻辑与战略变革—持续性呈显著正相关，组织冗余与战略变革—持续性呈显著负相关，家族逻辑与组织冗余的交互项与战略变革—持续性呈显著正相关，因此组织冗余在家族逻辑与战略变革—持续性之间存在正向调节作用。

以上结果表明，组织冗余在三种制度逻辑中均对战略变革—持续性产生正向调节作用（见表 5.19）。

（二）组织冗余在制度逻辑与战略变革—趋同性之间的调节作用

模型 3 - 1、模型 14 - 1a、模型 14 - 1b 用来检验组织冗余在市场逻辑与战略变革—趋同性之间的调节作用，模型 3 - 1 为市场逻辑对战略变革—趋同性的回归模型，市场逻辑前的系数为 - 0.006，不具有显著性，说明市场逻辑对战略变革—趋同性无显著影响；模型 14 - 1a 为加入调节变量后的模型，市场逻辑前的系数为 - 0.011，不具有显著性，组织冗余前的系数为 - 0.290，且在 1% 的水平上具有显著性，说明市场逻辑对战略变革—趋同性无显著影响，组织冗余对战略变革—趋同性存在显著负向影响；模型 14 - 1b 为加入调节变量、自变量与调节变量交互项的模型，市场逻辑前的系数为 - 0.014，不具有显著性，组织冗余前的系数为 - 0.308，且在 1% 的水平上具有显著性，市场逻辑与组织冗余交互项前的系数为 - 0.089，且在 1% 的水平上具有显著性，说明市

表 5.19　制度逻辑、组织冗余与战略变革—持续性的回归关系检验

Strategic Persistence	模型 13-1a		模型 13-1b		模型 13-2a		模型 13-2b		模型 13-3a		模型 13-3b	
	标准系数	t	标准系数	t	标准系数	t	标准系数	t	标准系数	t	标准系数	t
（常量）		0.622		0.658		0.536		0.366		0.424		0.092
Mar	0.070*	1.894	0.073**	1.970								
Immediate Slack	-0.178***	-4.683	-0.161***	-4.173								
Mar × Immediate Slack			0.081**	2.249								
Gov					0.043	1.118	0.041	1.071				
Immediate Slack					-0.174***	-4.529	-0.138***	-3.377				
Gov × Immediate Slack							0.093**	2.432				
Fam									0.110***	3.006	0.101***	2.771
Immediate Slack									-0.179***	-4.715	-0.165***	-4.343
Fam × Immediate Slack											0.121***	3.289
Divert	-0.030	-0.841	-0.029	-0.800	-0.030	-0.831	-0.031	-0.851	-0.035	-0.980	-0.029	-0.799
Independent Director	-0.058	-1.564	-0.056	-1.506	-0.059	-1.588	-0.051	-1.363	-0.057	-1.535	-0.048	-1.303
Firm Age	-0.016	-0.429	-0.014	-0.370	-0.012	-0.321	-0.006	-0.158	-0.001	-0.028	0.009	0.245
Size	0.001	0.033	0.005	0.133	0.004	0.114	0.016	0.404	0.007	0.178	0.024	0.626
Industry	control		control		control		control		control		control	
Year	control		control		control		control		control		control	
R²	0.121		0.127		0.118		0.103		0.127		0.140	
Adjust R²	0.082		0.087		0.079		0.063		0.089		0.101	
F	3.130***		3.205***		3.047***		2.539***		3.322***		3.593***	

注：***、**、*分别表示在1%、5%、10%水平上显著。

场逻辑对战略变革—趋同性无显著影响，组织冗余对战略变革—趋同性存在显著负向影响，市场逻辑与组织冗余的交互项与战略变革—趋同性呈显著负相关，因此组织冗余在市场逻辑与战略变革—趋同性之间存在负向调节作用。

模型3-2、模型14-2a、模型14-2b用来检验组织冗余在政府逻辑与战略变革—趋同性之间的调节作用，在3个模型中，仅组织冗余对战略变革—趋同性存在显著负向影响，政府逻辑以及政府逻辑与组织冗余的交互项均对战略变革—趋同性无显著影响，说明组织冗余在政府逻辑与战略变革—趋同性之间不存在调节作用。

模型3-3、模型14-3a、模型14-3b用来检验组织冗余在家族逻辑与战略变革—趋同性之间的调节作用，模型3-3为家族逻辑对战略变革—趋同性的回归模型，家族逻辑前的系数为0.085，且在5%的水平上具有显著性，说明家族逻辑对战略变革—趋同性有显著正向影响；模型14-3a为加入调节变量后的模型，家族逻辑前的系数为0.082，且在5%的水平上具有显著性，组织冗余前的系数为-0.289，且在1%的水平上具有显著性，说明家族逻辑对战略变革—趋同性存在显著正向影响，组织冗余对战略变革—趋同性存在显著负向影响；模型14-3b为加入调节变量、自变量与调节变量交互项的模型，家族逻辑前的系数为0.074，且在5%的水平上具有显著性，组织冗余前的系数为-0.275，且在1%的水平上具有显著性，家族逻辑与组织冗余交互项前的系数为0.117，且在1%的水平上具有显著性，说明家族逻辑对战略变革—趋同性存在显著正向影响，组织冗余对战略变革—趋同性存在显著负向影响，家族逻辑与组织冗余的交互项与战略变革—趋同性呈显著正相关，因此组织冗余在家族逻辑与战略变革—趋同性之间存在正向调节作用。

以上结果说明，组织冗余在市场逻辑与战略变革—趋同性之间存在负向调节作用，在政府逻辑与战略变革—趋同性之间不存在调节作用，在家族逻辑与战略变革—趋同性之间存在正向调节作用（见表5.20）。

表 5.20　制度逻辑、组织冗余与战略变革——趋同性回归关系检验

Strategic Conformity	模型 14-1a 标准系数	模型 14-1a t	模型 14-1b 标准系数	模型 14-1b t	模型 14-2a 标准系数	模型 14-2a t	模型 14-2b 标准系数	模型 14-2b t	模型 14-3a 标准系数	模型 14-3a t	模型 14-3b 标准系数	模型 14-3b t
（常量）		0.781		0.615		0.897		0.536		0.392		-0.154
Mar	-0.011	-0.331	-0.014	-0.418								
Immediate Slack	-0.290***	-8.355	-0.308***	-8.754								
Mar × Immediate Slack			-0.089***	-2.696								
Gov					-0.024	-0.678	-0.023	-0.667				
Immediate Slack					-0.293***	-8.370	-0.299***	-7.993				
Gov × Immediate Slack							-0.017	-0.499				
Fam									0.082**	2.471	0.074**	2.221
Immediate Slack									-0.289***	-8.367	-0.275***	-7.980
Fam × Immediate Slack											0.117***	3.491
Divert	0.067**	2.042	0.066**	1.999	0.067**	2.032	0.067**	2.034	0.064*	1.948	0.071**	2.157
Independent Director	-0.100***	-2.933	-0.102***	-3.018	-0.099***	-2.905	-0.100***	-2.937	-0.099***	-2.937	-0.091***	-2.698
Firm Age	0.004	0.113	0.001	0.042	0.003	0.101	0.002	0.067	0.011	0.321	0.020	0.611
Size	0.030	0.833	0.025	0.716	0.029	0.816	0.027	0.750	0.031	0.884	0.048	1.358
Industry	control		control		control		control		control		control	
Year	control		control		control		control		control		control	
R^2	0.269		0.276		0.269		0.269		0.275		0.287	
Adjust R^2	0.237		0.243		0.237		0.236		0.243		0.254	
F	8.370***		8.407***		8.385***		8.130***		8.627***		8.863***	

注：***、**、*分别表示在1%、5%、10%水平上显著。

第四节 稳健性检验

为了保证实证分析结果的有效性和稳定性，本书对因变量企业绩效进行了稳健性检验，采用净资产收益率（ROE）代替因变量资产收益率（ROA）的值。

首先对市场逻辑、战略变革—持续性与企业绩效（ROE）之间的关系进行检验，如表5.21所示，在模型1-1中，市场逻辑前的系数为0.179，且在1%的水平上显著，市场逻辑与ROE之间呈显著正相关关系，说明市场逻辑越强，企业绩效越高；在模型2-1中，市场逻辑前的系数为0.074，且在10%的水平上显著，市场逻辑与战略变革—持续性之间呈显著正相关关系，说明市场逻辑越强，企业的战略变革—持续性越强；在模型4-1中，战略变革—持续性前的系数为0.156，且在1%的水平上显著，战略变革—持续性与企业绩效之间呈显著正相关关系，说明战略变革—持续性越强，企业绩效越高；在模型5-1中，市场逻辑和战略变革—持续性与企业绩效的回归系数分别为0.169和0.144，且均在1%的水平上显著，说明战略变革—持续性在市场逻辑与企业绩效之间起到中介作用。

其次对政府逻辑、战略变革—持续性与企业绩效（ROE）之间的关系进行检验，如表5.22所示，在模型1-2中，政府逻辑前的系数为0.053，且在10%的水平上显著，政府逻辑与ROE之间呈显著正相关关系，说明政府逻辑越弱，企业绩效越高；在模型2-2中，政府逻辑前的系数为0.065，且在10%的水平上显著，政府逻辑与战略变革—持续性之间呈显著正相关关系，说明政府逻辑越弱，企业的战略变革—持续性越强；在模型4-2中，战略变革—持续性前的系数为0.156，且在1%的水平上显著，战略变革—持续性与企业绩效之间呈显著正相关关系，说明战略变革—持续性越强，企业绩效越高；在模型5-2中，政府逻辑和战略变革—持续性与企业绩效的回归系数分别为0.043和0.153，分别在10%和1%的水平上显著，说明战略变革—持续性在政府逻辑与企业绩效之间起到中介作用。

最后对家族逻辑、战略变革—持续性与企业绩效（ROE）之间的关系进行检验，如表5.23所示，在模型1-3中，家族逻辑前的系数为0.146，且在1%的水平上显著，家族逻辑与ROE之间呈显著正相关关系，说明家族逻辑越

表 5.21　市场逻辑、战略变革—持续性与企业绩效（ROE）关系的稳健性检验

	模型 1-1 ROE		模型 2-1 Strategic Persistence		模型 4-1 ROE		模型 5-1 ROE	
	标准系数	t	标准系数	t	标准系数	t	标准系数	t
（常量）		-0.429		-0.28		0.164		-0.391
Mar	0.179***	4.927	0.074*	1.956			0.169***	4.672
Strategic Persistence					0.156***	4.362	0.144***	4.075
Divert	-0.142***	-4.013	-0.035	-0.964	-0.138***	-3.874	-0.137***	-3.908
Independent Director	-0.085**	-2.344	-0.067*	-1.771	-0.073**	-2.003	-0.076**	-2.097
Firm Age	-0.038	-1.065	-0.015	-0.415	-0.025	-0.697	-0.036	-1.014
Size	0.063*	1.662	0.035	0.899	0.064*	1.708	0.058	1.543
Industry	control		control		control		control	
Year	control		control		control		control	
R^2	0.156		0.094		0.150		0.175	
Adjust R^2	0.120		0.056		0.114		0.139	
F	4.354***		2.453***		4.160***		4.827***	

注：***、**、*分别表示在 1%、5%、10%水平上显著。

表5.22　政府逻辑、战略变革—持续性与企业绩效（ROE）关系的稳健性检验

	模型1-2 ROE		模型2-2 Strategic Persistence		模型4-2 ROE		模型5-2 ROE	
	标准系数	t	标准系数	t	标准系数	t	标准系数	t
（常量）		-0.186		-0.450		0.164		-0.117
Gov	0.053*	1.410	0.065*	1.693			0.043*	1.156
Strategic Persistence					0.156***	4.362	0.153***	4.282
Divert	-0.142***	-3.956	-0.035	-0.940	-0.138***	-3.874	-0.137***	-3.852
Independent Director	-0.086**	-2.313	-0.069*	-1.813	-0.073**	-2.003	-0.075**	-2.049
Firm Age	-0.027	-0.755	-0.012	-0.313	-0.025	-0.697	-0.026	-0.715
Size	0.070*	1.823	0.037	0.956	0.064*	1.708	0.064*	1.692
Industry	control		control		control		control	
Year	control		control		control		control	
R^2	0.130		0.093		0.150		0.152	
Adjust R^2	0.039		0.055		0.114		0.114	
F	3.529***		2.419***		4.160***		4.073***	

注：***、**、*分别表示在1%、5%、10%水平上显著。

表 5.23 家族逻辑、战略变革—持续性与企业绩效（ROE）关系的稳健性检验

	ROE 模型 1 - 3		Strategic Persistence 模型 2 - 3		ROE 模型 4 - 3		ROE 模型 5 - 3	
	标准系数	t	标准系数	t	标准系数	t	标准系数	t
（常量）		-0.424		-0.477		0.164		-0.358
Fam	0.146***	4.043	0.111***	2.997			0.130***	3.621
Strategic Persistence					0.156***	4.362	0.142***	3.972
Divert	-0.150***	-4.190	-0.040	-1.104	-0.138***	-3.874	-0.144***	-4.067
Independent Director	-0.083**	-2.264	-0.066*	-1.743	-0.073**	-2.003	-0.074**	-2.026
Firm Age	-0.013	-0.365	0.000	-0.011	-0.025	-0.697	-0.013	-0.367
Size	0.074*	1.957	0.041	1.056	0.064*	1.708	0.068*	1.820
Industry	control		control		control		control	
Year	control		control		control		control	
R^2	0.147		0.101		0.150		0.165	
Adjust R^2	0.111		0.062		0.114		0.128	
F	4.060***		2.636***		4.160***		4.506***	

注：***、**、*分别表示在1%、5%、10%水平上显著。

强，企业绩效越高；在模型 2－3 中，家族逻辑前的系数为 0.111，且在 1% 的水平上显著，家族逻辑与战略变革—持续性之间呈显著正相关关系，说明家族逻辑越强，企业的战略变革—持续性越强；在模型 4－3 中，战略变革—持续性前的系数为 0.156，且在 1% 的水平上显著，战略变革—持续性与企业绩效之间呈显著正相关关系，说明战略变革—持续性越强，企业绩效越高；在模型 5－3 中，市场逻辑和战略变革—持续性与企业绩效的回归系数分别为 0.130 和 0.142，且均在 1% 的水平上显著，说明战略变革—持续性在家族逻辑与企业绩效之间起到中介作用。

第五节　研究结果与讨论

一、研究结果

（一）制度逻辑与企业绩效的关系

根据研究结果，政府逻辑与家族企业绩效呈负相关关系，即政府逻辑越强，家族企业绩效越低；市场逻辑和家族逻辑与家族企业绩效均呈正相关关系，如图 5.3 所示。

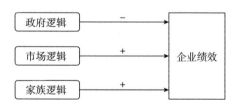

图5.3　制度逻辑与企业绩效的相关关系

（二）战略变革的中介效应

1. 战略变革—持续性在制度逻辑与企业绩效之间的中介效应显著

不同制度逻辑对企业绩效有不同的影响。市场逻辑越强，企业绩效越高，支持 H1－1；政府逻辑越弱，企业绩效越高，支持 H1－2；家族逻辑越强，企业绩效越高，支持 H1－3。

战略变革的持续性对不同制度逻辑导致企业绩效的异质性有不同的传导作

用。市场逻辑越强，企业的战略变革—持续性越强，支持 H2-1；政府逻辑越弱，企业的战略变革—持续性越强，支持 H2-2；家族逻辑越强，企业的战略变革—持续性越强，支持 H2-3。战略变革—持续性与企业绩效呈显著正相关，支持 H4-1。战略变革—持续性在制度逻辑与企业绩效之间存在中介效应，支持 H5。具体如图 5.4 所示。

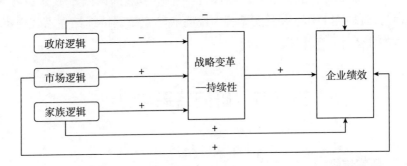

图 5.4　战略变革—持续性在制度逻辑与企业绩效之间的中介效应

2. 战略变革—趋同性在制度逻辑与企业绩效之间的中介效应不显著

数据检验结果显示，市场逻辑对战略变革—趋同性无显著影响；政府逻辑对战略变革—趋同性无显著影响；家族逻辑与战略变革—趋同性呈显著正相关，支持 H3-3。战略变革—趋同性对企业绩效无显著影响。战略变革—趋同性在制度逻辑中与企业绩效之间不存在中介效应。具体如图 5.5 所示。

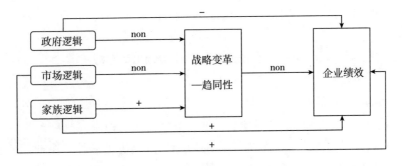

图 5.5　战略变革—趋同性在制度逻辑与企业绩效之间的中介效应

（三）CEO特征和组织特征的调节效应

1. 调节变量在制度逻辑与战略变革—持续性之间的调节作用

在三种制度逻辑中，CEO开放性仅在市场逻辑与战略变革—持续性之间存在负向调节作用，在政府逻辑和家族逻辑中均不存在调节作用。CEO持股量在市场逻辑、政府逻辑中，会对战略变革—持续性存在调节作用，而在家族逻辑中不存在调节作用。CEO自主权在三种制度逻辑中与战略变革—持续性之间都不存在调节作用。组织冗余在三种制度逻辑中均对战略变革—持续性产生正向调节作用。具体如图5.6所示。

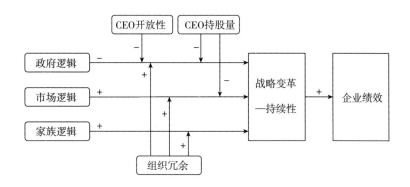

图5.6　调节变量在制度逻辑与战略变革—持续性之间的调节作用

2. 调节变量在制度逻辑与战略变革—趋同性之间的调节作用

在三种制度逻辑中，CEO仅在市场逻辑与战略变革—趋同性之间存在负向调节作用，在政府逻辑和家族逻辑中均不存在调节作用。CEO持股量在三种制度逻辑中与战略变革—趋同性之间都不存在调节作用。在三种制度逻辑中，CEO自主权仅在家族逻辑与战略变革—趋同性之间存在正向调节作用，在市场逻辑和政府逻辑中均不存在调节作用。组织冗余在市场逻辑与战略变革—趋同性之间和在政府逻辑与战略变革—趋同性之间不存在调节作用，在家族逻辑与战略变革—趋同性之间存在正向调节作用。具体如图5.7所示。

二、结果讨论

本书根据制度理论、战略变革理论和高阶理论，运用统计回归分析方法，对家族逻辑的制度逻辑、战略变革和企业绩效的相关关系进行检验。上述研究结果为相关领域的研究做出了贡献。

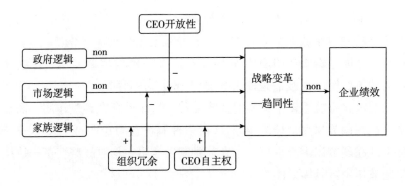

图 5.7　调节变量在制度逻辑与战略变革—趋同性之间的调节作用

首先，以中国家族上市制造业企业为载体，将其绩效作为重点研究对象，引入新制度理论和制度逻辑理论，创新性地将多元制度逻辑划分为政府逻辑、市场逻辑和家族逻辑，探寻了多元制度逻辑与家族企业绩效的关系，为全面理解家族企业绩效的情境影响因素提供了新的理论视角。本书发现，不管是市场逻辑还是家族逻辑，均能够在一定情境下给家族企业带来较高绩效，政府逻辑在一定情境下对企业绩效是负向影响，研究结果为理解家族企业这一特殊组织的绩效水平进行了新的探索，拓展了影响企业绩效的条件变量，并进一步丰富了制度逻辑理论，为以后研究提供借鉴。

其次，丰富了战略变革理论的研究，揭示了不同制度逻辑下家族企业战略选择的多样性，以及带来绩效的差异。研究结果表明：①与战略变革—持续性的关系上，政府逻辑与市场逻辑、家族逻辑影响方向相反，市场逻辑与家族逻辑相同，说明随着市场发育程度的逐步提高，外部环境和内部资源配置可控，家族企业战略变革的持续性越高；家族涉入的程度越高，出于家族承诺等原因导致战略变革—持续性越高。②战略变革—持续性与家族企业绩效正相关，研究中企业绩效的数据选取处于经济缓慢增长的阶段，保持战略变革的持续性能够给企业带来较高绩效，主要基于资源基础观的考虑，战略持续性不断增强，意味着家族企业在经营实践中大量的惯例形成核心竞争力（Barney，1991），这些惯例体现在经验惯例能够降低企业的搜寻成本、企业内部的管理惯例能够降低内部协调成本等，由此提高企业绩效。③家族逻辑与战略变革—趋同性正相关，目前我国家族企业在经营过程追求政府逻辑、市场逻辑和家族逻辑带来的多重合法性，而家族逻辑越强，越强调家族目标（包括非经济目标）的实现，对企业经营施加的合法性压力就越大，验证 Miller 等（2011）的研究结论，即家族成员参与所形成的家族逻辑，会导致家族企业更倾向于采取保守战略。④战略趋同对企业绩效的影响并不显著，由于战略趋同考虑的是企业经营的合法性，还应结合效率机制进一步研究。⑤战略持续性不断增强，在家族企业冗余资源的配置上，给予理论上的建议。研究发现，不管在哪种制度逻辑的影响下，家族企业的组织冗余资源越大，战略变革的持续性就越高，验证了组织冗余资源抑制战略变革行为的结论。并且组织冗余在市场逻辑和战略变革——趋同性之间起负向的调节作用，也就是说，在市场发育程度越好的地区，家族企业组织冗余资源越大，企业有足够的资源追求与行业相异的创新性战略资源配置，降低合法性。

再次，丰富了 CEO 特征的研究，拓展了高阶理论的应用边界。研究发现，在 CEO 特征在多元制度逻辑和战略变革行为间起调节作用。①CEO 开放性可以规避政府逻辑给战略变革——持续性带来的体制不稳定因素，削弱市场逻辑带来的规范性压力，充分吸收外部信息提高行为适配环境的能力，增大企业实施战略变革的可能性；并且 CEO 开放性能够缓解多元制度逻辑之间在文化和实践上的冲突，起到稳定战略和平衡各方利益的作用。②CEO 自主权增加家族逻辑对战略变革——趋同性的影响，即家族企业两职合一的治理结构促使企业避免合法性质疑而形成的战略趋同选择。③CEO 的持股量削弱政府逻辑对战略变革——持续性的负向影响，即持有股权越大，CEO 越容易采取长期稳健行为来维持企业的稳定增长，呈现出风险规避的特征（Borckman，2010）。CEO 持股量同样削弱了市场逻辑对战略变革——持续性的正向影响，CEO 持股比例越高，其自身使命感越强，融入家族逻辑，希望与企业一起成长，更愿意在研发投资领域投入大量资金（Jensen & Murphy，1998），造成资源配置程度出现波动。

最后，丰富了现有组织冗余对家族企业战略变革作用的研究。研究发现，组织冗余在政府逻辑、市场逻辑、家族逻辑和战略变革——持续性之间均起到正向调节作用，说明不管在何种制度逻辑影响下，组织冗余资源都会抑制战略变革行为的发生；同时组织冗余在市场逻辑与战略变革——趋同性之间起负向调节作用，说明家族企业在市场逻辑强的场域，如果有充足的冗余资源，则更有可能进行差异化战略以获得竞争优势；组织冗余在家族逻辑与战略变革——趋同性之间起正向调节作用，组织冗余作为闲置的资源在社会情感财富框架下给家族企业带来外界的合法性质疑，被认为是闲置资源或用于财富传承，所以为了缓解合法性压力，家族企业有动力采取趋同的战略。

坦白地讲，回归分析的方法的优势和劣势并存，如使用大样本刻画出两个或两个以上变量的相关关系，探寻因果规律；但回归分析方法检验的是变量间的净效应，如此解释的因果机制是对称性的，没有从整体论视角考虑非对称性的复杂因果关系，所以下文将利用模糊集定性比较分析的方法对企业绩效的影响因素进行组合效应检验，以期得出更为丰富的理论成果。

本章小结

本章主要内容为研究假设与实证分析，第一节为回归分析的研究假设，对所选取的样本进行了特征分析及描述性统计和相关性分析，明确了各变量之间的初步关系；第二节为研究设计，详细介绍了用于实证研究的样本选取与数据来源，研究变量及其他变量的详细测量、模型的构建等；第三节通过回归分析的实证方法，对研究假设进行了验证分析；第四节对研究结果进行了稳健性检验；第五节对研究结果进行汇总和讨论。

第六章 基于 fsQCA 方法的 组合效应检验

第一节 研究方法

一、fsQCA 方法的核心特征

fsQCA 的方法最初是一种系统的比较程序，来源于 18 世纪或 19 世纪的自然科学领域，如 Linnaeus（1753）在植物学、Cuvier（1812）在解剖学中的应用。fsOCA 的逻辑基础则来源于 Hume（1758），特别是来自 Mill（1967）的"真知"，通过对案例的系统匹配和比对，消除其他可能性来确立共同的因果关系。具体总结为两个方面：一是"一致性"的思想，考察使所有实例都表现出一致性的情况，找到现象产生的原因；二是"差异性方法"考察被研究对象的其他所有情况均相同，存在某一个原因或效果使这个现象表现出差异。例如，如果 A 和 B 两个企业在 2017 年均表现为高创新绩效，经比较 A 和 B 企业的唯一共同情况是研发投入占销售收入的 30% 以上；2018 年 A 和 B 两个企业均表现为创新的非高绩效，经比较 A 和 B 企业的研发投入占销售收入均未超过 30%，且没有其他共同情况出现，所以可以得出对 A 和 B 两个企业来说，研发投入占销售收入 30% 以上是创新的高绩效出现不可或缺的条件。

通常社会科学研究者不可能检验一个明确的、完整的、充分控制其他所有因素的关系模型，但该方法是在"真实"世界中排除不相关要素和无限接近因果关系过程中的重要环节，并且回应了波普尔（1959）著名的"证伪"原则。Cohen 和 Nagel（1934）认为即使这种方法不能排除所有无关条件，但也可以在一定程度上接近并发现某个现象的"发生条件"，这样就能说明某个特定假设比其他竞争性假设在逻辑上更可取。QCA 方法的不同技术目的就是要找到和精简这些"发生条件"，对复杂的社会科学现象的复杂因果关系进行"降维解释"。

（一）具有案例导向的核心特征

fsQCA 方法被明确定位为"案例导向"的方法（Rihoux & Lobe，2009），使用 fsQCA 方法对不同的案例进行系统比较，所以也被称为组态比较分析技术（Configuration Comparative Analysis，CCA）。每一个案例都被认为是一系列属性所构成的复杂组合，在分析中应从整体视角出发，不应该人为地切割和丢弃某一部分属性；同时在具体分析过程中，密切关注个案，基于对个案的充分剖析，随时在理论假设和案例中调整切换（Brady & Collier，2004；Nahmias - Wolinsky，2004；Moses et al.，2005）。在哲学思维方法上，fsQCA 方法既在构成组态的系列属性（条件）选择上运用了演绎式方法，同时也从案例中获取抽象洞见以识别出重要组态运用了归纳式的方法。

（二）探索多重并发因果关系

fsQCA 方法适合探索跨组织和情境的多样性，旨在协调不同的观点。规避了传统相关性研究方法的线性相关假设，鼓励对组织现象的多属性描述，fsQCA 方法重点关注"多重并发因果关系"，认为属性的不同组合可以产生相同的结果，即等终性[①]（Equifinality）和非对称因果关系（Asymmetric Causality），与回归分析中的变量间对称性关系形成鲜明对比，如图 6.1 所示。

多重并发因果关系与主流统计技术的核心假设完全相反，fsQCA 方法否定任何形式的恒定因果关系，而是在多个可比较案例之间确定不同因果模型的数量和特征（Ragin，1987），而非发展出与数据拟合最好的单一因果模型；而且 fsQCA 方法认为所有案例都同等重要，即使是被主流统计技术视为"异常值"的案例也是如此，案例导向的特征决定了 fsQCA 方法注重因果关系的"多重性"。因此，主流统计所承认的可加性假设被打破，即不论其他相关条件的取值是什么，某个属性在不同案例间对结果都具有相同的边际递增效应的假设在 fsQCA 方法中不成立，单个原因对结果有其各自独立的影响也不成立，而是多个原因同时出现或以某种方式组合导致某个结果的产生。并且，一个结果的出现和不出现很大可能需要不同的"原因组合"来分别解释，即因果的非对称

---

① 等终性：由一般系统理论的创始人 Ludwig von Bertalanffy 和感知控制理论的创始人 William T. Powers 提出并应用，用于描述复杂系统的类似或收敛行为，因为它强调可以通过许多不同的路径或轨迹实现相同的最终状态。在生物系统和社会系统等开放系统中，等终性的概念表明，可以通过不同的初始条件和许多不同的方式实现类似的结果。

性。fsQCA 方法的最终目的为寻求结果产生的"充分条件（组合）"和"必要条件（组合）"，来完成对因果规律的探寻。

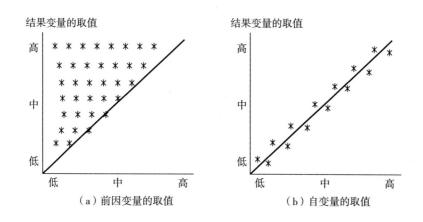

图 6.1 fsQCA 的非对称因果关系 vs 对称性关系

（三）检验非对称因果关系

模糊集定性比较分析法目前软件使用 fsQCA3.0 版本，结合布尔代数算法，探索蕴藏在案例中的结果变量与多个原因条件变量之间的因果关系组合（Ragin，2008）。前因变量与结果变量关系的条件陈述用的一般逻辑表达式为："如果（前因，用 X 表示）……那么（结果，用 Y 表示）……"对应的数学表达式为：X→Y，其中条件陈述"→"，x 和 y 存在两个可能值，1 表示出现（真），0 表示缺失（假）。应用布尔代数理论，当前因条件变量 x = 1 时，必然有结果变量 y = 1，则 x 就是 y 的充分条件；当结果变量 y = 1 时，必然有条件变量 x = 1，则 x 就是 y 的必要条件。但注意，当 x 是 y 的充分条件且 y = 1 时，不必然有 x = 1，也就是说 x 是 y 的充分条件时，不必然是 y 的必要条件；当 x 是 y 的必要条件且 x = 1 时，不必然 y = 1，即 x 是 y 的必要条件时，不必然是 y 的充分条件。值得注意的是，在 fsQCA 当中，当 X→Y 时，非 X 不一定导致非 Y，用数学表达式即为"～X→～Y 不一定成立"，此为因果的非对称性，也是上文所述 fsQCA 定性比较分析方法的核心特征之一。

（四）具有多样化技术手段

fsQCA 方法对非对称因果关系的探寻可通过三种具体技术实现，分别为清晰集（csQCA）、多值集（mvQCA）和模糊集（fsQCA）。模糊集是定性和定量两种研究方法的桥梁，即同时具有定量研究人员看重的精确性和使用实质性知识校准的定性测量。模糊集中，精确是以对集合的隶属度进行评估来体现的，其范围从 0（完全排除在集合之外）到 1（完全包含在集合之内），隶属度体现了不同情况下变量的细粒度（Fine - grained）变化。例如，A 企业个案的绩效在高绩效企业集合中的隶属度为 0.85，表明该企业在高绩效企业集合中内（In）比外面（Out）多，但仍未完全隶属于高绩效企业。因此，为了完成这样的定义，研究者必须对什么是高绩效企业进行精确的定义，并计算确定 A 企业在高绩效企业集合中的隶属度分数。一般用实质性知识作为界定的外部标准，表明什么样的集合是高绩效、非高绩效或低绩效，以及在什么样的情况下案例更多地出现在给定的集合中（Ragin，2000；Smithson & Verkuilen，2006）。

二、fsQCA 方法的优势

模糊集和 fsQCA 的结合产生了开展社会科学研究的新范例（Template）。这个新范例与传统范例形成鲜明对比，具体对比结果如表 6.1 所示。

表 6.1　fsQCA 方法与传统统计分析方法对比

对比内容		传统范例	fsQCA 集合范例
理论目标	检验理论 vs 构建理论	检验理论	检验、细化、构建理论
逻辑推理	演绎推理 vs 溯因推理	演绎式推导已知事物的结论	开始于事实的集合并推导出最合适解释的推理过程
研究基础	变量 vs 集合	变量是案例间变异的维度，基于算术平均值进行分类和排序，被标记为"绩效水平"	集合偏向于案例导向，集合需要隶属度标准，如定义"高绩效企业集"，案例企业在多大程度上隶属于该集合
	因变量 vs 定性结果	目的是解释所选因变量或跨案例或纵向变异，重点关注与因变量变化相关的自变量	将高绩效概念化为企业的一种具有变化或不连续性的结果，定义其特征的过程需要研究人员的详细阐释工作，并非简单机械地定义
研究样本	给定总体 vs 构建总体	依靠检验总体样本表面效度（face validity）来证明合理性，随机抽样的大样本	基于定性结果选择好的案例，同时选择结果负向的案例进行对比，属于理论抽样，样本数量不限

续表

对比内容		传统范例	fsQCA 集合范例
因果实现途径	相关性 vs 集合关系	注重二元矩阵的相关分析，相关系数是完全对称的，无法评估集合关系	以"集合论"视角对"子集"等关系进行阐释，如导致企业高绩效的条件缺失时，并不一定导致企业非高绩效，强调因果的不对称性
因果关系假定	因果单调性 vs 因果复杂性	因果单调性（恒定性、一致性、可加性和对称性）	因果复杂性（殊途同归、多重并发和非对称性）
研究问题	净效应 vs 条件组态	强调解释变量之间的竞争性；基于对因变量中解释变异的独特贡献来确定每个前因变量的净效应和统计显著性；自变量与因变量的相关性越大，与竞争变量的相关性越低，其净效应就越大	案例导向的研究中，重点关注前因条件组合效应，即可能不仅由一个前因条件产生结果，可能没有一个条件对结果是必要的或充分的，焦点是导致结果出现或缺失的前因条件组合

资料来源：根据 Ragin（2008）整理。

根据对比结果总结如下：

第一，定性研究中的测量比定量研究中的测量更注重案例。以变量为导向的研究中，重点是确定样本或案例总体的变量维度，而定性测量的重点是定义和解释特定的集合，重点是案例集合的隶属程度。定性测量方法和定量测量方法之间的一个关键区别是：在定性方法中，意义附属于或强加于具体的测量，如什么是超高绩效、什么是高绩效，需要怎样的界定才能保证被指定为低绩效。定性研究中的测量是解释。

第二，回归分析方法只能对单一变量的交互作用进行简单判别，难以全面地研究多个变量的交互作用，fsQCA 方法能够通过探索最终引致高绩效的路径来弥补回归中无法分析多变量共同作用的问题，回归分析则弥补了 fsQCA 方法中无法判别十多个变量作用路径的问题。

第三，与结构方程等统计技术相比存在一定优势。一是 fsQCA 方法能够产生多个可供迭代的前因条件构型供研究者使用，丰富了理论解释空间；二是 fsQCA 对样本量的要求较低，尤其适合小样本的案例研究以及分析样本中异常值的独特性。

总之，fsQCA 方法有助于突出：①因果不对称的本质，即管理现象的正面或负面的案例，是同一决定因素无法解释的，即决定结果出现和结果不出现的因素可能不同；②因素的组合影响，即孤立的决定因素无法解释的管理现象的积极或消极；③因果复杂性，即管理现象的决定因素具有互补性和相互替代性的关系，这种关系根据情境的不同而有所不同。

虽然 fsQCA 方法与传统定量分析方法相比有各自的优势，但 fsQCA 方法经常和其他传统统计研究方法结合使用（Senkan，2016）。越来越多的研究者呼吁将 fsQCA 方法应用于大样本的形势（Greckhamer et al.，2008，2013）反而为双方的相互整合提供机会（Fiss et al.，2013；Kan et al.，2016），如将 fsQCA 方法与 SEM（易明等，2018）、T-test、OLS（Jackson & Ni，2013）、HLM 等定量研究方法整合。将 fsQCA 方法与其他统计分析方法整合研究中，有方法应用的顺序之分，顺序的差异反映了不同的整合动机，fsQCA 方法在前、统计分析方法在后的研究最为普遍，目的是控制替代性解释机制和量化 fsQCA 的组态（Careja，2011），以及扩展组态理论等（拉金，2019）；而另一种将 fsQCA 方法置后的主要目的在于试图通过解释现象来开发全新的理论，或改善已有的测量结果（Jackson & Ni，2013）。

本书中，将制度逻辑（包括政府逻辑、市场逻辑和家族逻辑）、战略变革（战略持续和战略趋同）、企业绩效（ROA）以及 CEO 特征（CEO 开放性、CEO 自主权、CEO 持股量）和组织冗余等多个变量进行回归分析后，再根据理论的一致性，运用 fsQCA 方法将多个变量作为前因条件，企业高绩效和非高绩效作为结果，来检验对企业绩效的组合效应。两种方法的有效整合为研究制度逻辑、战略变革和企业绩效之间的关系提供更加完善的分析过程，提高了理论的描述力、预测力和解释力。

三、fsQCA 方法的应用步骤

fsQCA 是一种基于集合论的分析技术，可以详细分析因果条件如何影响有关结果。这种方法特别适用于分析类型学（Typologies）中的因果过程，因为它基于对原因如何组合起来产生结果的组态理解，而且该方法可以处理显著水平的因果复杂性（Fiss，2007；Ragin，2000，2008）。fsQCA 方法的基本逻辑是，案例被理解为类似于整体类型的属性的组态，并且案例的比较可以允许研究人员去除与所讨论结果无关的属性，理论分析通过关注集合和子集的关系来检验因果模式。例如，为了解释哪些组态导致高绩效，即监察一组高绩效的成员企业，使用布尔代数和允许逻辑简化的算法识别与感兴趣的结果（高绩效）相关联的属性组合，许多复杂的因果条件被简化为导致结果的构型。为了完成这种因果过程的识别，fsQCA 方法的应用步骤如图 6.2 所示。

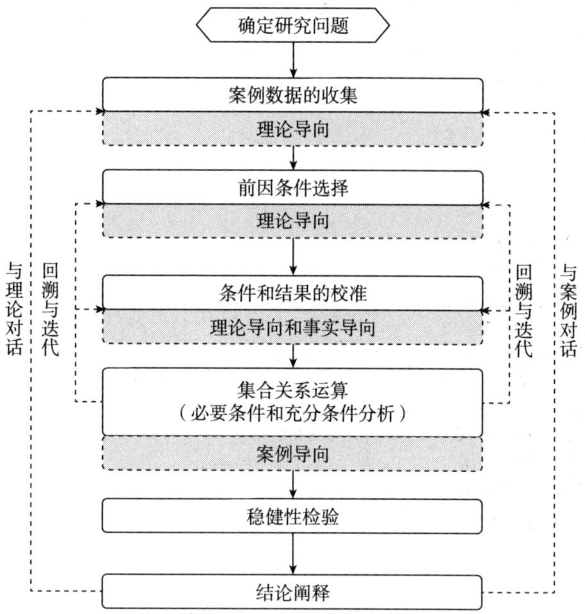

图 6.2　fsQCA 方法的应用步骤

第二节　研究模型

无论是社会学还是管理学的研究，很难找到完全独立的自变量，彼此之间都容易存在明显的交互效应。最近 30 多年来，学者对于企业绩效的研究共识是——企业类型、所处行业、企业家特质以及企业战略并不是单独对公司绩效施加影响，而是相互依存、相互影响（Greckhamer et al.，2008）。因此，不能简单地认为某个行业的企业或者某种战略结构对企业绩效的影响是正相关还是负相关，这种侧重"净效应"的研究结论有失偏颇。鉴于此，传统的定量研究（如线性回归）在企业绩效的研究上就失去了优势，并没有很好地处理这种影响绩效因素之间的非独立性关系（Misangyi，2006）；而且由于回归分析方法只能检验单一变量与结果变量的显著性相关关系，所以并不能充分地揭示因果机制。但定性比较分析方法就不用限定变量间的独立假设，变量间的非独立关系依然能在 fsQCA 方法中使用（Greckhamer et al.，2008）。非常重要的是，fsQCA方法不需要对跨层次的前因条件做特殊处理，尤其适合本书的多层次探索（Lacey & Fiss，2009）。因此，本书依据构型理论，构建制度因素、组织因素和个体因素对企业绩效的组合效应模型（见图6.3），采用模糊集定性比较分析方法（fsQCA）对企业绩效的前因条件组合进行检验，得出引致企业高绩效和非高绩效的组合解。

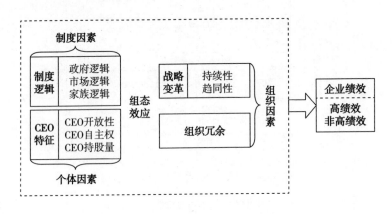

图 6.3　定性组态比较分析研究模型

本书拟从两个角度切入，首先是分别检验2016年、2017年和2018年能够引致高绩效的条件组合P1、P2、P3和非高绩效的条件组合S1、S2、S3，并总结出引致高绩效和非高绩效的核心条件和边缘条件；其次检验引致高绩效P1、P2、P3集合之间的关系，如果存在子集关系，则代表组合解具有时间序列上的稳定性，从而弥补了fsQCA只能在某一时间点上系统地比较案例（Ragin，1987）的缺陷，纳入时间跨度路径关系的检验程序后，将增加高绩效组合路径的解释力和说服力，使结果更加稳健。

第三节　研究过程

一、案例数据收集

鉴于任何比较分析方法的案例敏感性，fsQCA方法的案例选择至关重要。该方法遵循理论抽样而非随机抽样的原则（Berg – Schlosser & Meur，2009）。

Ragin（1994，2004）认为，潜在的研究问题以及由此形成的初步假设给案例选择指明方向，而且每个案例的纳入都应该有理论基础的支持；必须考虑案例总体的"充分同质性"来保持可比性，如本书选择的研究对象均为中国的家族企业，考虑案例总体内的"最大异质性"的标准来保证结果的有效性，如包含正面案例和反面案例两类案例（Rihoux & Ragin，2009），这是案例选择的前提条件（Berg - Schlosser & D. E. Meur，2009），同时研究者应当确保前因条件在不同类型的案例间存在变化，而非"常数"（Berg - Schlosser & D. E. Meur，2009）。在案例数量的确定上，fsQCA 方法既适用于小样本、中等样本的案例研究，也适用于大样本的量化分析（杜运周，2017）。

fsQCA 方法采用前文回归统计方法的企业样本，即选取 A 股家族制造业上市企业，截取 2013～2018 年的相关数据，并考虑制度逻辑对企业战略变革行为影响的滞后性和战略变革对企业绩效影响的滞后性。为保证研究结果的稳健性，将企业年龄为 10 年以下的样本剔除。经过筛选处理后，2016 年的企业样本为 245 个，2015 年的企业样本为 243 个，2014 年的企业样本为 229 个。为了精简个案编码，将各个企业股票代码由小到大按顺序依次排列，并重新从 1 开始编码，如将振兴生化（000403）的企业案例编码为 1（CASEID = 1），代表企业样本 1，将东旭光电（000413）的案例编码为 2（CASEID = 2），代表企业样本 2，以此类推。

二、变量选择

（一）前因变量的选择

Ragin（2008）指出，变量的选择依据现有理论、假设和解释机制，较为常见的做法是从实证研究文献中的主要理论视角出发，推导出一个混合的条件组合库。Amenta 和 Poulsen（1994）确定了 csQCA 的变量选择方法，对 fsQCA 也同样适用（见表 6.2）。

本书从制度理论、战略变革理论等基础理论和文献中提取前因变量，依然使用制度逻辑、战略变革、企业 CEO 特征作为前因变量（见表 6.3），此外，不再额外引入其他变量，原因是不希望在模型设定之初引入过多变量而导致复杂性。根据 Marx 等（2011）的数据模拟，当前因变量为 6 个，案例样本数达到 39 个就可清晰区分随机数据，本书的样本量均在 200 以上，因此可保证较高的内部效度。

表 6.2　QCA 的变量选择方法列表

序号	方法	方法描述
1	综合方法	在迭代过程中要考虑所有可能因素
2	视角方法	代表 2～3 个理论的一组变量在相同模型中被检验
3	显著性方法	基于统计显著性标准选择条件
4	并发方法	依据"并发或组合建构理论和一个结果具有多重原因组合的理论"选择变量
5	归纳法	多数是按照案例知识而不是现有理论选择变量
6	二次审视方法	添加一个或几个被认为是重要的但被排除在以前分析之外的变量

资料来源：根据 Amenta 和 Poulsen（1994）整理。

表 6.3　fsQCA 研究的前因变量列表

变量范畴	前因条件	代码
制度逻辑	政府逻辑	Government Logic（Gov）
	市场逻辑	Market Logic（Mar）
	家族逻辑	Family Logic（Fam）
战略变革	—持续性	Strategic Persistence（SP）
	—趋同性	Strategic Conformity（SC）
CEO 特征	CEO 开放性	CEOopen
	CEO 自主权	CEOpower
	CEO 持股量	CEOshare
组织特征	组织冗余	Immediate Slack（Slack）

　　本书为了精简条件以达到条件和案例之间的数量平衡，采用创建"宏观变量"（Macrovariables）的方法减少因素组合的复杂性。这些宏观变量可以代替相关条件以减少向量空间的维数（Ragin，2008）。因此，本书将 CEO 的开放性（CEOopen）、CEO 的自主权（CEOpower）和 CEO 的持股量（CEOshare）按照同一维度负载条件的处理方法，借助 fsQCA3.0 软件，使用 Variables 标签中的 fuzzyor（x）函数将 CEOopen、CEOpower、CEOshare 3 个原始前因变量简化为 1 个条件，即 CEO 的开放自主，代码为 CEO，以此来刻画在多元制度逻辑影响下的战略变革行为中 CEO 的特征，使条件数量与案例数量之间的关系达到一个更好的状态（DE Meur & Berg – Schlosser，1996）。同时该项操作具有理论上的支持，因为 CEO 的持股量越大，代表自主权越大；自主权越大，越

可以通过任期、年龄和学历等特征正向影响 CEO 的开放性，所以该宏观变量的创造取得理论和经验的双重支持。

（二）结果变量的选择

根据前文所述，fsQCA 方法将企业绩效作为结果变量，故选取总资产报酬率（ROA）作为绩效的测量指标，且企业绩效具有时间上的滞后性，所以与回归分析中 ROA 的取值相同，选取基期 T + 2 年的绩效数据作为分析对象，具体对应关系和描述性统计见表 6.4。

表 6.4　企业绩效 ROA 的 T + 2 期取值对应关系及描述性统计

时间	第一期	第二期	第三期
T 期	2014 年	2015 年	2016 年
T + 2 期	2016 年	2017 年	2018 年
均值	6.49	6.61	2.82
中位数	5.91	5.44	5.16

资料来源：根据样本数据整理。

三、变量的测量和校准

fsQCA 方法的变量测量方法与回归分析相同，在此不再赘述，本小节将对校准的含义以及校准过程做简要介绍。

（一）校准的含义

校准（Calibrate），是指给案例赋予集合隶属分数的过程（Schneider & Wagemann，2012）。集合数据经过校准后不仅可以相互比较，同时也可以将其进行性质上的界定，如 2017 年 A 公司的总资产报酬率比 B 公司的总资产报酬率要高，说明 2017 年 A 企业的绩效比 B 企业好，但是只有经过校准以后才知道 A 企业的总资产报酬率是高绩效还是非高绩效。因此，校准是案例数据在指定集合中的隶属程度，即将原来离散的数据转变成从 0 到 1 使其连续化，可根据案例和理论实际进行有目的的校准。使用精确校准的模糊集，使必要性和充分性的集合关系检验成为可能，使案例作为组态研究的交集关系、相同结果替代路径的并集关系和用来揭示因果复杂性的真值表的使用成为可能。

模糊集校准的方法分为三值模糊集、四值模糊集、六值模糊集和"连续"模糊集四种方法（见表 6.5）。当研究者掌握大量的案例信息，但信息并不系统或案例间并不严格可比较的情况下，四值模糊集的校准方案最适合；如果想达到更精细的程度，采用六值模糊集或"连续"模糊集。

表 6.5　模糊集校准的经验方法

三值模糊集	四值模糊集	六值模糊集	"连续"模糊集
1 = 完全隶属	1 = 完全隶属	1 = 完全隶属	1 = 完全隶属
0.5 = 即非完全隶属，也非完全不隶属	0.67 = 偏隶属	0.8 = 非常隶属	偏隶属：$0.5 < Xi < 1$
0 = 完全不隶属	0.33 = 偏不隶属	0.6 = 有些隶属	0.5 = 交叉点，既非"隶属"也非"不隶属"
—	0 = 完全不隶属	0.4 = 有些不隶属	偏不隶属：$0 < Xi < 0.5$
—	—	0.2 = 非常不隶属	
—	—	0 = 完全不隶属	0 = 完全不隶属

资料来源：根据 Ragin（2018）整理。

模糊集方法的强大之处在于既有以集合隶属度（介于 0 ~ 1）的量化评估形式表现精确度，也使用了对定性研究至关重要的实质性知识作为外部标准。外部标准可以是：①基于社会知识的标准（如 K12 被界定为基础教育）；②集体社会科学知识（如关于经济发展的变化）；③研究人员从具体案例研究中积累的实质性知识。所以用来校准的外部标准的选取至关重要，一般有直接法和间接法两种方法。直接法是研究者指定某一定距尺度的值，对应三个定性锚点构成一个模糊集的标准，即完全隶属阈值、完全不隶属阈值和交叉点（Ragin，2000），由此进行结构化校准，将原始定距尺度值转换为模糊隶属分数。这种校准方法的基本原理是，使用交叉点（Crossover Point）作为计算既不完全隶属也不完全不隶属的锚点，以完全隶属和完全非隶属的值为上下限，重新标定区间变量，转化后的分数与完全隶属、完全非隶属和交叉点的阈值相关联。在 fsQCA3.0 的软件中，运用 Calibrate（X，n1，n2，n3）函数，X 指代一个变量（或前因变量或结果变量），n1 指代完全隶属阈值，n2 指代交叉点，n3 指代完全不隶属的阈值。经过 Calibrate（X，n1，n2，n3）校准后的变量 X 的所有的隶属度分数取值均在 0 ~ 1，此举在于将各个前因变量及其组合和结果变量之间的因果关系转化为集合的隶属度值之间的关系。

对于制度逻辑（政府逻辑、市场逻辑和家族逻辑）、企业绩效（ROA）、组织战略变革（战略变革—持续性和战略变革—趋同性）和 CEO 特征（CEO 开放性、CEO 自主权、CEO 持股量）和组织特征（组织冗余）的连续变量，采用"连续"模糊集的方法进行校准。回顾相关文献，在选择完全隶属阈值、完全不隶属阈值和交叉点（最大模糊点）对连续变量进行校准时有不同的经验统计，以企业绩效的变量为例（见表 6.6）。

表 6.6　不同学者应用 fsQCA 方法对企业绩效校准的经验统计

	完全隶属阈值 （Fully in）	交叉点 （Crossover Point）	完全不隶属阈值 （Fully out）
Ragin（2008）	95%	50%	5%
Fiss（2011）	75%	50%	25%
Crilly 等（2012）	上四分位数	50%	下四分位数

资料来源：根据相关文献整理。

有的学者按照 Ragin（2008）提出数据的最小 5% 位数以下视为完全不隶属，95% 位数及以上视为完全隶属，交叉点（Crossover Point）50% 视为既不完全隶属也不完全不隶属的交叉点，代表完全隶属的阈值设置较高，即要求比较严格；如果将最小 25% 位数以下视为完全不隶属，最大 25% 位数以上视为完全隶属，交叉点 50%，代表完全隶属的阈值设置较低，条件较为宽松；学者们一般把数据的均值或中位数作为最大模糊点；根据 Ragin（2018）提出模糊集校准的原则：一是尽量不机械使用样本的均值作为定性锚点；二是避免不加理论和经验解释地直接赋予定性锚点。本书既不盲从于以往做法，也不以武断的方式将均值或中位数作为最大模糊点，而是逐一考量不同变量在案例样本中的数据分布，根据实际情况科学严谨地确定锚点和校准。

（二）结果变量的校准

本书将企业绩效作为结果变量，将其校准为两个集合，即高绩效集合和非高绩效[①]集合，非高绩效集合是高绩效集合的逆集，在 fsQCA3.0 软件中只要对高绩效集合实行"非"的运算，即可得到非高绩效集合。如前文所述，企

---

① 非高绩效：这与 QCA 方法中的因果非对称假设有关，指期望结果的出现（如高绩效）与不出现（如非高绩效）的原因（或原因组合）是不同的。故在非对称假设下，高绩效的反面是非高创业绩效，而不是低绩效。

业绩效用总资产报酬率（ROA）来衡量。本书选取 2013～2018 年 A 股上市的家族制造业企业的数据（剔除企业年龄在 10 年以下的企业），因此校准时 ROA 的行业均值有实际参考意义，但均值有时并不能代表整个样本数据的中值，所以应同时考虑 ROA 的中位数。除考量 ROA 的均值和中位数外，同时参考 ROA 的数据分布形态，2016 年对应样本企业 ROA 的数据分布如图 6.4 所示，ROA 数据集中分布在 0～10，如果选择均值 2.82 作为交叉点就有失偏颇，未根据案例实际来界定。所以根据经验，选取接近中位数 5.16 的 5.1 作为交叉点，真正代表既不完全隶属也不完全非隶属的最大模糊点。

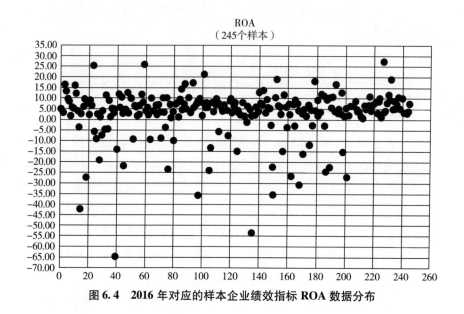

图 6.4　2016 年对应的样本企业绩效指标 ROA 数据分布

因此 2016 年 ROA 数据校准的做法是，完全隶属的阈值为上四分位数为 9，即当样本企业中的 ROA≥9 时，根据原始数据大小将隶属度分数在 [0.95，1] 区间赋值，最大赋值为 1；完全不隶属的阈值为下四分位数 1.2，即当样本企业中的 ROA<1.2 时，根据原始数据大小将隶属度分数在 [0，0.05] 区间赋值，最小赋值为 0；50% 的 5.1 即为交叉点，当原始数据正好为交叉点时，隶属度分数赋值 0.5，但依照 Fiss（2011）的校准惯例，尽量避免将交叉点取值为原始数据，因为被赋值为 0.5 的原始数据将在下一步运算中被运算软件剔除。当样本企业的 ROA 大于 5.1 小于 9 时，根据原始数据的大小，隶属度分数在区间（0.5，0.95）内赋值，当样本企业的 ROA 大于 1.2 小于 5.1 时，隶

属度分数在区间（0.05，0.5）内赋值，2016 年部分企业 ROA 数据校准结果如表 6.7 所示。

表 6.7 2016 年对应部分案例企业 ROA 数据的校准结果

CASEID	1	2	3	4	5	……	241	242	243	244	245
原始数据	4.91	3.31	16.45	13.13	9.71	—	3.33	− 6.22	2.95	3.94	7.58
校准数据	0.46	0.20	1.00	1.00	0.97	—	0.20	0.00	0.16	0.29	0.87

资料来源：经过 fsQCA3.0 软件计算得出。

由此，2016 年 ROA 数据的校准工作完成，2015 年和 2014 年对应的 ROA 数据校准方法以此类推。

（三）前因变量的校准

根据上文经验，前因变量使用连续法借助 fsQCA3.0 软件的 Calibrate（x1，n1，n2，n3）函数进行校准。前因条件的校准中，唯一不同的是 CEO 自主权（CEOpower），因其测量标准为样本企业的 CEO 和董事长是否两职合一，属于"是或否"的二分变量，所以如果样本家族企业是两职合一则将 CEO 自主权赋值为 1，如果不是则赋值为 0。由此，所有变量的校准阈值如表 6.8 所示。

表 6.8 结果变量和前因变量校准表

变量范畴	变量	2016 年 (n1，n2，n3)①	2015 年 (n1，n2，n3)	2014 年 (n1，n2，n3)
企业绩效	总资产报酬率（ROA）	(9, 5.1, 1.2)	(9, 6, 3)	(10, 6.5, 3)
制度逻辑	政府逻辑（Gov）	(6.5, 7.5, 8.5)	(6.36, 7.41, 8.46)	(6.2, 7.1, 8)
	市场逻辑（Mar）	(7.4, 6.7, 6)	(7, 6.5, 6)	(7, 6.25, 5.5)
	家族逻辑（Fam）	(50, 39, 28)	(57, 45, 33)	(58, 46, 34)
战略变革	一持续性（SP）	(0.84, 0.6, 0.35)	(1.12, 0.67, 0.21)	(1.12, 0.69, 0.26)
	一趋同性（SC）	(3.52, 2.07, 0.62)	(3.45, 2.08, 0.71)	(3.42, 2.11, 0.8)
CEO 特征	CEO 开放性（Open）	(1.5, − 0.21, − 1.92)	(1.58, 0, − 1.58)	(1.44, 0.09, − 1.26)
	CEO 自主权（Power）	如果 CEO 和董事长为同一个人（两职合一），赋值为 1 如果 CEO 和董事长非同一个人（两职分离），赋值为 0		
	CEO 持股量（Share）	(17.2, 8.6, 0)	(18.32, 9.16, 0)	(22, 11, 0)
组织特征	组织冗余（Slack）	(1, 0.58, 0.16)	(1.12, 0.65, 0.18)	(1.2, 0.74, 0.28)

注：2016 年的变量 n1，n2，n3 分别代表完全隶属阈值、交叉点和完全不隶属阈值。

资料来源：根据校准计算结果整理。

四、集合运算

(一) 必要条件检验

必要条件分析是指探讨结果集合在多大程度上构成条件集合的子集。如果一个条件总在某个结果存在时必然出现，那么该条件即为结果存在的必要条件（Rihoux & Ragin，2009）。如果以集合关系图表示（见图6.5），X是Y必要条件的表达式为"Y→X"，如果Y发生，则X发生；Y发生意味着X必然发生；Y是X的子集。

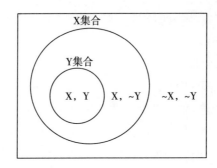

图6.5　必要条件集合图示

注："～"表示集合运算的"非"，即逆运算。

衡量是否成为必要条件的一致性分数最低值为0.9（Schneider & Wage-mann，2012）。而且，必要条件的覆盖度通常要求大于或等于0.5。覆盖度和一致性是衡量必要条件经验相关性的重要指标，仅对通过一致性检验的必要条件进行覆盖度检查才有意义。在进行必要条件分析时，还应注意：①单个前因变量的存在（Present）与不存在（Absent）都需要进行必要性分析；②一般也需要分析结果不存在的必要条件；③如果有明确的理论和经验知识基础，必要条件不局限在一个前因变量的检验，可以分析"多个"条件组成的集合的必要性。

在fsQCA3.0软件中，使用"Necessary Conditions"命令来进行必要条件检验，结果如表6.9和表6.10所示。可以发现，并没有单个变量在检验时与结果的一致性超过0.9，说明没有单个条件是高绩效或非高绩效的必要条件，均需要和其他前因条件组合影响结果。但值得注意的是，在引致家族企业高绩效的必要条件检测时，强市场逻辑（Mar）的一致性得分是0.8350，覆盖度为

0.5865，说明强市场逻辑接近家族企业高绩效的必要条件。

表 6.9   2016 年引致家族企业高绩效（ROA）的必要条件检验

条件变量	条件变量代码	一致性	覆盖度
强政府逻辑	Gov	0.5132	0.5283
弱政府逻辑	~ Gov	0.5887	0.5703
强市场逻辑	Mar	0.8350	0.5865
弱市场逻辑	~ Mar	0.2633	0.4538
强家族逻辑	Fam	0.5983	0.5892
弱家族逻辑	~ Fam	0.5240	0.5302
高战略变革—持续性	SP	0.6863	0.5912
低战略变革—持续性	~ SP	0.4481	0.5317
高战略变革—趋同性	SC	0.6197	0.5668
低战略变革—趋同性	~ SC	0.4987	0.5477
CEO 高开放性	CEOopen	0.5371	0.5266
CEO 低开放性	~ CEOopen	0.5632	0.5724
CEO 高自主权	CEOpower	0.3601	0.4892
CEO 低自主权	~ CEOpower	0.6399	0.5048
CEO 高持股量	CEOshare	0.3575	0.5281
CEO 低持股量	~ CEOshare	0.7375	0.5558
高组织冗余	Slack	0.5278	0.5484
低组织冗余	~ Slack	0.5985	0.5748
CEO 高开放自主	CEO	0.7974	0.5027
CEO 低开放自主	~ CEO	0.2635	0.6310

表 6.10   2016 年引致家族企业非高绩效（~ROA）的必要条件检验

条件变量	条件变量代码	一致性	覆盖度
强政府逻辑	Gov	0.5581	0.5766
弱政府逻辑	~ Gov	0.5435	0.5284
强市场逻辑	Mar	0.6843	0.4825
弱市场逻辑	~ Mar	0.4136	0.7156
强家族逻辑	Fam	0.5375	0.5313

续表

条件变量	条件变量代码	一致性	覆盖度
弱家族逻辑	~ Fam	0.5844	0.5936
高战略变革—持续性	SP	0.6068	0.5246
低战略变革—持续性	~ SP	0.5272	0.6279
高战略变革—趋同性	SC	0.5898	0.5414
低战略变革—趋同性	~ SC	0.5282	0.5823
CEO 高开放性	CEOopen	0.5809	0.5717
CEO 低开放性	~ CEOopen	0.5190	0.5295
CEO 高自主权	CEOpower	0.3746	0.5108
CEO 低自主权	~ CEOpower	0.6254	0.4952
CEO 高持股量	CEOshare	0.4129	0.6122
CEO 低持股量	~ CEOshare	0.6817	0.5158
高组织冗余	Slack	0.5590	0.5829
低组织冗余	~ Slack	0.5669	0.5465
CEO 高开放自主	CEO	0.8465	0.5357
CEO 低开放自主	~ CEO	0.2142	0.5149

（二）充分条件检验

条件组态的充分性检验是 fsQCA 方法的核心，分析不同前因变量形成的组态对结果的充分性，如图 6.6 所示。充分条件的表达式为 "X→Y"，如果 X 发生，Y 就会发生；或 X 导致 Y 的必然发生；或者 X 是 Y 的一个子集，条件组态的充分性分析关注的是 "多个" 而不是 "单个" 条件形成的集合。

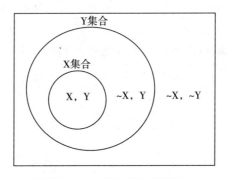

图 6.6 充分条件集合图示

注："~"表示集合运算的"非"，即逆运算。

fsQCA 方法使用一致性程度（Consistency）来衡量组态的充分性，一致性在区间 [0, 1] 不等，越大越体现出条件（或条件组合）与结果集合的非对称性充分关系。用计算公式表达为：

$$\text{Consistency}(X_i \leqslant Y_i) = \sum [\min(X_i, Y_i)] / \sum (X_i) \qquad (6.1)$$

类似于图 6.1（a），所有的案例都在 XY 坐标轴的 45 度线的左上方，代表条件集合是结果集合的子集，一致性程度可以类比于传统定量分析的"拟合优度"，即在多大程度上证明 X 条件集合是 Y 的结果集合的子集。

除一致性外，衡量解的切题性还有另一个指标，即覆盖度（Coverage），覆盖度是通过一致性检验的解在多大程度上解释了结果，反映解的重要性和切题性（Ragin，2008），因为子集关系是"充分非必要"的关系，意味着还有另外的条件或条件组合可以达到同样高绩效的结果。覆盖度的取值也在 [0, 1] 区间内，覆盖度越大说明 X 条件或条件组合是达到 Y 结果集合的唯一路径。用公式表达为：

$$\text{Coverage}(X_i \leqslant Y_i) = \sum [\min(X_i, Y_i)] / \sum (Y_i) \qquad (6.2)$$

一般一致性分数超过 0.8 的组态解才有意义，覆盖度则没有具体的上限，但根据以往学者经验，样本数量超过 100 个时，覆盖度低于 0.01 的解基本无意义。

1. 构建真值表

在校准的基础上，借助软件 fsQCA3.0 的真值表算法，即执行 Analyze 菜单中的"Truth Table Algorithm"命令，得到逻辑上可能出现的条件组态，以及条件组态包含的案例数量（Numbers）、原始一致性分数（Raw Consistency）和 PRI 值（Proportional Reduction in Inconsistency）。首先，确定案例频数阈值。案例数量小于频数阈值的条件组合将会被视为"逻辑余项"；其次，确定原始一致性阈值，小于原始一致性阈值的组态将被赋值为 0，大于等于原始一致性阈值的组态将被赋值为 1，以此来区分哪些组态通过了模糊集合理论的一致性检验。一般情况下，案例频数阈值的设定参考企业样本数量的多少，一般较小规模的样本设定为 1，较大的样本频数阈值相应提高。一般惯例是：频数阈值的设定应当至少保留总案例数的 75%（Rihoux & Ragin，2009），原始一致性阈值有 0.75（Berg – Schlosser & D. E. Meur，2009）和 0.8（Rihoux & Ragin，2009）两种选择，需要综合研究目的、分析层次和案例总数具体来看。当样本规模较小时，可设置较高的一致性阈值，样本规模较大时，可设置较低的一致性阈值（Schneider & Wagemann，2009）。对于 PRI 值的一致性分数，能够有效反映特定真值表行是 Y 而不是 ~ Y 子集的程度。PRI 越高的行，存在同是子集关系的可能性越低，就越容易对结果做出清晰的判断。在实际情况中，PRI 的值最好大于或等于 0.75（杜运周和贾良定，2017）。

本书将制度逻辑、战略变革与 CEO 特征和组织特征作为影响企业绩效的前因变量，利用 fsQCA 方法找寻引致家族企业高绩效的组合解，并与回归分析的结果进行对比，希冀有创新性的发现。所以，充分性条件检验将分为以下三个步骤：

第一，检验政府逻辑和战略变革的持续性和趋同性对家族企业绩效的组合效应。

第二，检验政府逻辑、战略变革的持续性和趋同性与 CEO 特征对家族企业绩效的组合效应。

第三，检验政府逻辑、战略变革的持续性和趋同性、CEO 特征与组织冗余对家族企业绩效的组合效应。

之所以在第二步先加入 CEO 特征的前因变量，来自于前文的统计分析结果，CEO 特征的三个前因变量对制度逻辑、战略变革持续性和趋同性的影响是显著的。同理，再把政府逻辑分别替换为市场逻辑和家族逻辑按照三个步骤分别进行组态效应检验。2016 年政府逻辑情境、战略变革持续性和趋同性组合影响家族企业绩效的模型为：

ROA = f（Gov，SP，SC）   Model 1 - 1

结果如表 6.11 所示。

表 6.11　Model 1 - 1 的真值运算

Gov	SP	SC	cases number	raw consist.	PRI consist.
1	1	0	17	0.7453	0.5702
1	0	1	13	0.6948	0.4987
0	0	0	31	0.6921	0.5569
0	1	1	64	0.6617	0.5357
0	1	0	34	0.6497	0.4772
1	1	1	40	0.6449	0.5086

Gov	SP	SC	cases number	raw consist.	PRI consist.
0	0	1	21	0.6202	0.4243
1	0	0	25	0.5134	0.2926

设置案例频数阈值为 25 （超过 75% 的案例数量），原始一致性阈值为 0.8，则得到真值表，如表 6.12 所示。

表 6.12　Model 1 - 1 的真值

Gov	SP	SC	cases number	ROA	raw consist.	PRI consist.
0	0	0	31	0	**0.6921**	0.5569
0	1	1	64	0	**0.6617**	0.5357
0	1	0	34	0	**0.6497**	0.4772
1	1	1	40	0	**0.6449**	0.5086
1	0	0	25	0	**0.5134**	0.2926

通过表 6.12 可以看出，在特定的假设下，政府逻辑、战略变革的持续性和趋同性的组合只能带来非高绩效结果，而且组合的原始一致性均在 0.8 以下。如果大多数案例在某一组合上的隶属分数都很低或为 0，那么评估该组合与结果的联系就毫无意义（Ragin，2008），即无法保证组合解有经验上的解释性，故不予采用。说明政府逻辑、战略变革的持续性和趋同性的任何条件组合与高绩效并不存在可靠的一致性关系。

同时，引入 CEO 特征的前因条件，此时的检验模型为：

ROA = f（Gov，SP，SC，CEO）　　　　　　　　　　　　Model 1 - 2

为节省篇幅，省略运算步骤，直接设置案例频数阈值为 5，原始一致性阈值为 0.8，得到真值表，如表 6.13 所示。

2. 完善真值表

对真值表进行运算时，运行 fsQCA 的 Standard Analysis 命令，一是会发现可能出现矛盾组态和逻辑余项，它们的存在会严重影响分析结果的可信度和因果推断的有效性（Schneider & Wagemann，2013）。矛盾组态是指同时包含结果值为 1 和 0 的案例的真值表行，矛盾组态通常在执行真值表运算之前或之中解决，可采用条件迭代或调整变量校准阈值等方式；逻辑余项指逻辑上存在，但未观测到经验案例的真值表行，即逻辑成立但证据不足。需要研究者根据已有的理论知识或经验证据，对逻辑余项进行假设来估计其可能的结果。

表 6.13   Model 1 – 2 的真值

Gov	SP	SC	CEO	number	ROA	raw consist.	PRI consist.	SYM consist
0	0	0	0	5	1	0.8470	0.7578	0.7578
1	0	1	0	5	1	0.8409	0.7234	0.7454
1	1	0	0	5	1	0.8250	0.6698	0.6904
0	1	1	0	9	0	0.7437	0.6172	0.6172
1	1	0	1	12	0	0.7408	0.5480	0.5711
1	1	1	0	11	0	0.7272	0.5722	0.6194
0	1	0	0	7	0	0.7087	0.5468	0.5468
0	0	0	1	25	0	0.6767	0.5228	0.5380
1	0	1	1	8	0	0.6729	0.4294	0.4375
0	1	1	1	55	0	0.6714	0.5337	0.5693
0	1	0	1	27	0	0.6652	0.4775	0.4966
1	1	1	1	29	0	0.6645	0.5230	0.5348
0	0	1	1	20	0	0.6049	0.3940	0.3991
1	0	0	1	22	0	0.5377	0.3162	0.3359

二是需要对真值表进行精简。可以借鉴 PRI 一致性（Medzihorsky et al.，2017），PRI 值能有效反映特定真值表行是 Y 而非 ~ Y 子集的程度。然而，对于可将真值表行视为结果的充分性组态的 PRI 取值，各位学者的结论不一。一般建议，PRI 的临界值最好≥0.7 时可以接受（杜运周，2017）。

本书在对真值表进行运算时，并未出现矛盾组态，但出现变量间关联的情况，即需要让研究者判断在引致家族企业高绩效的组合解中，哪个解更倾向于保留，此步骤的选择影响简约解的数量和构成（杜运周等，2017）。一般有两种处理方法：一是根据理论知识和实质经验来判断哪些条件组合更倾向于引致结果的发生，即选择倾向性更大的条件组合；二是在无法判断的情况下，执行"Select All"命令，可能由此导致简约解数量的增多，导致结果的复杂性。因此，更推荐根据理论知识和实质经验来判定条件组合消除矛盾组态。理论研究和实际经验表明，政府逻辑变量很可能会给企业绩效带来负向影响，但与战略变革—持续性和趋同性、CEO 特征组合后，对企业绩效的影响方向难以确定，完全依据案例的具体情况而定，所以在此执行"Select All"命令，以此扩大组合解的多样性，以便理论创新有更大的机会。

　　本书在处理逻辑余项时，为了给软件提供"简单的假设"来对逻辑余项做出判断，需要对中间条件（Intermediate Solution）进行选择，即判断在引致结果发生的单个前因变量存在（Present）还是缺失（Absent）。需根据理论和以往文献经验做出理性判断，在本研究中引致家族企业高绩效的条件中，强政府逻辑（Gov）的假设为不存在（Absent），软件中操作如图 6.7 所示。

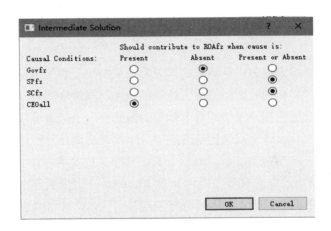

图 6.7　fsQCA 中间解的预设解决方案选择图示

注：此处的条件变量后都带有 fz 的尾缀，是在模糊集校准时为了与原始变量区分采取的标注方式，并无其他实际指向。

　　在对以上真值表进行运算和处理后，得到 fsQCA 的不同形式的解，包括复杂解、中间解和简约解，详见下文。

五、复杂解、中间解和简约解

（一）三种解的关系

　　经过对真值表的完善，对逻辑余项和矛盾组态进行妥善处理后，得到复杂性程度不同的三个组合解：复杂解、简约解和中间解。三者之间的关系如图 6.8 所示。

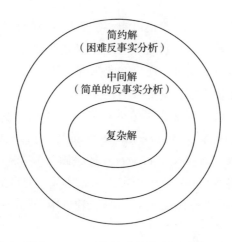

图6.8   纳入不同逻辑余项后解的形式

　　对这三种解的分析为: 不纳入任何逻辑余项的组态解视为复杂解, 仅纳入符合理论方向预期和经验证据的逻辑余项的组态解视为中间解, 纳入全部逻辑余项而不对其合理性加以评估的组态解视为简约解。中间解被认为是 fsQCA 研究中的首选, 因其合理有据且复杂度适中, 因保留必要条件所以解的完整度又较高 (Schneider & Wagemann, 2013)。对于单个条件是否存在 (Present or Absent) 能否对结果的存在与否 (Present or Absent) 产生影响做出的理论判断和经验选择仅仅影响中间解, 而不影响复杂解和简约解, 如上文中对强政府逻辑单个条件将导致家族企业较低的企业绩效的判断即属此类。根据以上运算步骤分析, 报告引致 2016 年家族企业样本高绩效的中间解 (见表 6.14)。

表6.14   Model 1 – 2 运算的中间解

条件组合	原始覆盖度	唯一覆盖度	一致性
~ Gov * ~ SP * ~ CEO	0.0856	0.0272	0.8422
~ SP * SC * ~ CEO	0.0957	0.0321	0.8375
Gov * SP * ~ SC * ~ CEO	0.0810	0.0425	0.8250
总覆盖度	0.1677		
总一致性	0.8161		

　　对 Model 1 – 2 充分条件的一致性检验可以得出以下结论:

　　(1) 在三个组合解中, CEO 较低的开放自主的条件均存在, 说明它是引致高绩效的必要条件。

（2）弱政府逻辑下，低战略变革—持续性能够引致高绩效。

（3）强政府逻辑下，高战略变革—持续性和低战略变革—趋同性的组合能够引致高绩效。

（4）不管政府逻辑强弱与否，低战略变革—持续性和高战略变革—趋同性的组合能够引致高绩效。

（二）核心条件和边缘条件

Ragin（2008）认为，逻辑余项构成了潜在的案例池，对其进行适当的假设不仅可以产生更简约的最小公式，还能识别前因条件组合的核心条件和边缘条件（Fiss，2011）。核心条件指对结果的产生具有重要影响的条件，边缘条件指仅起辅助作用的条件（杜运周和贾良定，2017）。当一个前因变量同时出现在简约解和中间解时为核心条件，用符号"●"表示，当一个前因变量只出现在中间解时为边缘条件，用符号"•"表示，相对应地，用符号"⊗"代表核心条件缺乏，"⊗"代表边缘条件缺乏，空白表示条件可有可无（Ragin，2008）。

1. 政府逻辑情境下战略变革、CEO 特征对企业绩效的组合效应检验

根据 Model 1 – 2 真值表的运算，包含所有逻辑余项的简约解有两个，分别为解 1（~SP* ~CEO）和解 2（Gov* ~SC* ~CEO）。所以根据上文所述标注核心条件和边缘条件，在引致家族企业高绩效的组合解 1 中，政府逻辑的存在是核心条件，战略变革的趋同性和 CEO 较低的开放自主的缺失是核心条件，战略变革的持续性是边缘条件，不起到决定性作用（见表 6.15）。

表 6.15　Model 1 – 2 运算的组合解

	解 1	解 2	解 3
Gov	●	⊗	
SP	•	⊗	⊗
SC	⊗		●
CEO	⊗	⊗	⊗
解的一致性	0.8422	0.8375	0.825
原始覆盖度	0.0855	0.0957	0.0810
唯一覆盖度	0.0272	0.0321	0.0425
总覆盖度	0.1677		
总一致性	0.8161		

加入组织冗余的前因条件，继续检验充分条件的一致性，此时检验的模型为：

$$ROA = f\ (Gov,\ SP,\ SC,\ CEO,\ Slack) \qquad Model\ 1-3$$

按照相同步骤运行真值表，案例频数阈值为3，一致性阈值为0.8，中间条件假设设置为：引致高绩效时，强政府逻辑和组织冗余的单个条件不存在（Absent），CEO开放自主的单个条件假设存在（Present），于是得到中间解，如表6.16所示。

表 6.16　Model 1 – 3 模型运算的中间解

条件组合	原始覆盖度	唯一覆盖度	一致性
~ SP * SC * ~ CEO * ~ Slack	0.0757	0.0222	0.8260
~ Gov * ~ SP * ~ CEO * ~ Slack	0.0567	0.0081	0.8115
Gov * SP * ~ SC * ~ CEO	0.0810	0.0496	0.8250
解的覆盖度	0.1345		
解的一致性	0.8020		

此时，核心条件和边缘条件发生改变，如表6.17所示。

表 6.17　Model 1 – 3 模型运算的组合解

	解 1	解 2	解 3
Gov	●	⊗	
SP	●	⊗	⊗
SC	⊗		●
CEO	⊗	⊗	⊗
Slack		⊗	⊗
解的一致性	0.8250	0.8115	0.8260
原始覆盖度	0.0810	0.0567	0.0757
唯一覆盖度	0.0496	0.0081	0.0222
总覆盖度	0.1345		
总一致性	0.8020		

通过观察结果我们可以得出：

（1）组织冗余的加入并没有影响原来引致高企业绩效的路径，即在较低的组织冗余下，强政府逻辑下保守型 CEO 领导的高战略变革—持续性、低战略变革—趋同性能给企业带来高绩效，但组织冗余的加入，增强了导致高绩效组合中战略变革—持续性（SP）对高绩效产生的影响，由强政府逻辑下的组合中的边缘条件变核心条件；在弱政府逻辑下组合中缺失的核心条件变为边缘条件。

（2）组织冗余加入后，组合解的覆盖度由原来的 0.1677 降低为 0.1345，一致性由原来的 0.8161 降低为 0.8020，由此判断组织冗余对政府逻辑、战略变革、CEO 特征组合解对企业绩效的影响关系为负向效应。

以上为 2016 年政府逻辑、制度变革、CEO 特征、组织特征对企业绩效的充分条件检验，接下来用简明扼要的篇幅用与上文同样的检验步骤对市场逻辑和家族逻辑分别进行检验，得出引致家族企业高绩效的组合解。

2. 市场逻辑情境下战略变革、CEO 特征对企业绩效的组合效应检验

第一步，检验市场逻辑（Mar）与战略变革—持续性（SP）、战略变革—趋同性（SC）对企业绩效的组合影响，模型为：

ROA = f（Mar，SP，SC） Model 1 - 4

设置案例频数阈值为 25（超过案例数的 75%），一致性阈值为 0.8，可观测到条件组合的原始一致性分数（raw consist.）均低于 0.8（见表 6.18），说明市场逻辑、战略变革—持续性和趋同性的任何条件组合均与高绩效并不存在可靠的一致性关系，故不予讨论。

表 6.18　Model 1 - 4 模型运算的真值

Mar	SP	SC	case number	ROA	raw consist.	PRI consist.	SYM consist
1	1	0	42	0	0.670814	0.52192	0.540325
1	1	1	87	0	0.670778	0.57186	0.612936
1	0	0	38	0	0.649081	0.513304	0.530203

第二步，引入 CEO 特征的前因条件，此时的检验模型为：

ROA = f（Mar，SP，SC，CEO） Model 1 - 5

为节省篇幅，省略运算步骤，直接设置案例频数阈值为 3，原始一致性阈

值为 0.8，删除掉 PRI 值小于 0.5 的行，得到真值表（见表 6.19）。

表 6.19　Model 1 - 5 模型运算的真值

Mar	SP	SC	CEO	case number	ROA	raw consist.	PRI consist.	SYM consist
1	0	1	0	4	1	0.878814	0.792453	0.798246
0	1	0	0	3	1	0.810096	0.598985	0.605128
1	0	0	0	6	0	0.75076	0.611834	0.618421
0	1	0	1	6	0	0.713823	0.407655	0.427282
1	1	0	0	9	0	0.708732	0.545274	0.553535
1	1	1	0	17	0	0.696522	0.561006	0.592297
1	1	0	1	33	0	0.69169	0.533904	0.551622
1	1	1	1	70	0	0.689423	0.58464	0.618702

对真值表进行标准化分析，在对中间条件（Immediate Solution）进行选择时，均假设强市场逻辑（Mar）的存在（Present）会引致家族企业的高绩效产生[①]，综合简约解和中间解，得出核心条件和边缘条件的组合解（见表 6.20）。

表 6.20　Model 1 - 5 模型运算的组合解

	解 1	解 2
Mar	⊗	●
SP	●	⊗
SC	⊗	●
CEO	⊗	⊗
解的一致性	0.8101	0.8788
原始覆盖度	0.0551	0.0848
唯一覆盖度	0.0311	0.0608
总覆盖度	0.1159	
总一致性	0.8588	

_____

① 同一制度逻辑的模型真值表进行运算时，对制度逻辑引致家族企业高绩效的假设相同，如强政府逻辑的存在（Present）导致家族企业的非高绩效，强市场逻辑的存在（Present）导致家族企业的高绩效。

根据分析结果得出以下结论：

（1）在弱市场逻辑下，高战略变革—持续性、低战略变革—趋同性和低开放自主的 CEO 给家族企业带来较高绩效；具体来说，弱市场逻辑下，给企业带来较强制度压力的可能为政府逻辑或家族逻辑，此时战略变革的持续性能够为家族企业带来较高绩效。

（2）在强市场逻辑下，高战略变革—趋同性、低战略变革—持续性给家族企业带来较高绩效，具体来说，较强的市场制度逻辑下，企业必须以较高的合法性和不断适应激烈竞争环境的战略变革行为作为获得高绩效的核心条件。

（3）CEO 的开放自主条件的加入，使市场逻辑、战略变革与企业绩效的关系出现一致性≥0.8 的组合解，但并非传统理论认为较高的 CEO 开放自主会引致家族企业的高企业绩效，在这两个组合解中，需要 CEO 较低的开放自主的组合才能创造家族企业的高绩效。

第三步，引入组织冗余（Slack）的前因变量，此时的检验模型为：

$$ROA = f(Mar, SP, SC, CEO, Slack) \qquad\qquad Model\ 1-6$$

案例频数阈值为 3，原始一致性阈值为 0.8，得到真值表（见表 6.21）。

表 6.21 Model 1-6 模型运算的真值

Mar	SP	SC	CEO	Slack	case number	ROA	raw consist.	PRI consist.	SYM consist
1	0	1	0	0	3	1	0.86455	0.757576	0.757576
0	1	0	0	1	3	1	0.820979	0.602484	0.610063
1	0	0	0	0	3	0	0.766459	0.577528	0.589449
1	0	0	0	1	3	0	0.765998	0.60356	0.60356
1	1	1	0	1	6	0	0.761905	0.610318	0.645761
1	1	0	0	1	4	0	0.754353	0.551839	0.56218

对真值表进行标准化分析，此时中间条件假设市场逻辑存在（Present）外，组织冗余为缺失（Absent），即组织冗余的存在一般会导致家族企业较低的企业绩效。综合简约解和中间解，得出核心条件和边缘条件的组合解（见表 6.22）。

根据以上结果得出以下结论：

（1）组织冗余条件的加入并没有改变两个组合解的数量，且解 2 没有变化。

表 6.22　Model 1 – 6 模型运算的组合解

	解 1	解 2
Mar	⊗	●
SP	●	⊗
SC	⊗	●
CEO	⊗	⊗
Slack	●	
解的一致性	0.8101	0.8788
原始覆盖度	0.0480	0.0848
唯一覆盖度	0.0257	0.0625
覆盖度	0.1105	
一致性	0.8660	

（2）解 1 发生变化，低战略变革的趋同性由原来的核心条件变为边缘条件，即存在较高组织冗余的情况下，并不能给预期企业带来较强的战略变革响应行为，而是削弱了战略变革趋同性缺失的效应。

3. 家族逻辑情境下战略变革、CEO 特征对企业绩效的组合效应检验

第一步，检验家族逻辑（Fam）与战略变革—持续性（SP）、战略变革—趋同性（SC）作为前因条件对企业绩效的组合影响，模型为：

$$ROA = f（Fam，SP，SC）\qquad\qquad Model\ 1 – 7$$

设置案例频数阈值为 25（超过案例数的 75%），一致性阈值为 0.8，可观测到条件组合的原始一致性分数（raw consist.）均低于 0.8（见表 6.23），说明家族逻辑、战略变革—持续性和战略变革—趋同性的任何条件组合均与高绩效并不存在可靠的一致性关系，故不予讨论。

表 6.23　Model 1 –7 模型运算的真值

Fam	SP	SC	case number	ROA	raw consist.	PRI consist.	SYM consist
1	1	0	29	0	0.725416	0.556235	0.56592
1	1	1	48	0	0.677234	0.546343	0.579479
1	0	0	27	0	0.639583	0.465661	0.470567
0	1	1	56	0	0.623681	0.485075	0.511941
0	0	0	29	0	0.566364	0.358302	0.387892

第二步，引入 CEO 特征的前因条件，此时的检验模型为：

ROA = f（Fam，SP，SC，CEO）　　　　　　　　　　　　　Model 1 – 8

为节省篇幅，省略运算步骤，设置案例频数阈值为 3，原始一致性阈值为 0.8，删除掉 PRI 值小于 0.5 的行，得到真值表（见表 6.24）。

表 6.24　Model 1 – 8 模型运算的真值

Fam	SP	SC	CEO	case number	ROA	raw consist.	PRI consist.	SYM consist
1	0	1	0	3	1	0.868756	0.759857	0.766727
0	0	1	0	3	0	0.792873	0.613306	0.637149
0	1	0	0	8	0	0.778638	0.622193	0.627164
1	0	0	0	5	0	0.774396	0.60625	0.60625

对真值表进行标准化分析，在对中间条件（Immediate Solution）进行选择时，没有显著引致家族企业高绩效的单个前因条件，故不做存在或不存在的假设，综合简约解和中间解，得出核心条件和边缘条件的组合解（见表 6.25）。

表 6.25　Model 1 – 8 模型运算的组合解

	解 1
Fam	●
SP	⊗
SC	●
CEO	⊗
解的一致性	0.8688
原始覆盖度	0.0725
唯一覆盖度	0.0725
覆盖度	0.0725
一致性	0.8688

根据以上结果得出以下结论：在较强的家族逻辑下，保守且自主权较低的 CEO、高战略变革—趋同性和低战略变革—持续性引致高绩效。

第三步，引入组织冗余（Slack）的前因条件，此时的检验模型为：

$$ROA = f（Fam，SP，SC，CEO，Slack） \qquad Model 1-9$$

案例频数阈值为3，原始一致性阈值为0.8，删除掉PRI值小于0.5的行，得到真值表（见表6.26）。

表6.26　Model 1-9 模型运算的真值

Fam	SP	SC	Slack	CEO	case number	ROA	raw consist.	PRI consist.	SYM consist.
1	0	1	0	0	2	1	0.855758	0.736726	0.736726
0	1	0	1	0	5	1	0.839873	0.678038	0.686825
1	0	0	0	0	2	1	0.83982	0.681548	0.681548
1	1	0	1	0	2	0	0.798117	0.575824	0.575824
0	1	1	1	0	5	0	0.794092	0.618358	0.698182

对真值表进行标准化分析，中间条件假设与上一步骤处理相同，综合简约解和中间解，得出核心条件和边缘条件的组合解（见表6.27）。

表6.27　Model 1-9 模型运算的组合解

	解1	解2
Fam	●	⊗
SP	⊗	●
SC		⊗
CEO	⊗	⊗
Slack	⊗	●
解的一致性	0.8462	0.8399
原始覆盖度	0.0689	0.0648
唯一覆盖度	0.0465	0.0424
总覆盖度	0.1112	
总一致性	0.8495	

根据以上结果得出，组织冗余条件的加入不仅改变了上一步骤中得出解的构成，同时也增加了解的数量，结论如下：

（1）组织冗余条件的加入，导致在保守且非自主的 CEO 领导下，强家族逻辑下的战略变革—持续性和战略变革—趋同性缺失的条件均被边缘化，而较低的组织冗余条件则被核心化，带来较高的企业绩效。

（2）弱的家族逻辑压力下，保守且非自主的 CEO 领导下，高战略变革—持续性、低战略变革—趋同性和高组织冗余能够给家族企业带来较高绩效。

（三）小结

1. 高绩效组合条件检验

综上所述，上文对 2016 年三种制度逻辑、战略变革、CEO 特征和组织特征的前因变量对家族企业高绩效的组合效应进行了检验，模型总结如表 6.28 所示。

表 6.28　2016 年家族企业高绩效（ROA）组合检验模型

制度逻辑	组合检验模型	
政府逻辑 （Gov）	ROA = f（Gov, SP, SC）	Model 1 – 1
	ROA = f（Gov, SP, SC, CEO）	Model 1 – 2
	ROA = f（Gov, SP, SC, CEO, Slack）	Model 1 – 3
市场逻辑 （Mar）	ROA = f（Mar, SP, SC）	Model 1 – 4
	ROA = f（Mar, SP, SC, CEO）	Model 1 – 5
	ROA = f（Mar, SP, SC, CEO, Slack）	Model 1 – 6
家族逻辑 （Fam）	ROA = f（Fam, SP, SC）	Model 1 – 7
	ROA = f（Fam, SP, SC, CEO）	Model 1 – 8
	ROA = f（Fam, SP, SC, CEO, Slack）	Model 1 – 9

通过组合检验模型可以看出，将 CEO 特征和组织特征（组织冗余）的前因条件依次纳入，给家族企业绩效带来不同的影响，迭代出引致家族企业高绩效的多个组合解，验证了 fsQCA 方法的等终性，将组合解归纳总结为表 6.29。

结果发现，2016 年引致家族企业高绩效有 3 个一阶解和 8 个二阶解（见表 6.30）。经过分析得出以下结论：

（1）在引致高绩效的组合解中，非开放自主的 CEO 特征是必要条件，因为在所有解中均有出现。

（2）强政府逻辑与高战略变革—持续性同步影响高绩效，反之亦然；强市场逻辑与高战略变革—趋同性、低战略变革—持续性同步影响高绩效，反之亦然；强家族逻辑与低战略变革—持续性同步影响高绩效，反之亦然。

表 6.29　2016 年家族企业高绩效（ROA）组合解

前因条件	解 1			解 2		解 3	
	解 1a	解 1b	解 1c	解 2a	解 2b	解 3a	解 3b
Gov	●	⊗					
Mar				⊗	●		
Fam						●	⊗
SP	●	⊗	⊗	●	⊗	⊗	●
SC	⊗		●	⊗	●		⊗
CEO	⊗	⊗	⊗	⊗	⊗	⊗	⊗
Slack		⊗	⊗	●		⊗	●
解的一致性	0.8250	0.8115	0.8260	0.8101	0.8788	0.8462	0.8399
原始覆盖度	0.0810	0.0567	0.0757	0.0480	0.0848	0.0689	0.0648
唯一覆盖度	0.0496	0.0081	0.0222	0.0257	0.0625	0.0465	0.0424
总覆盖度	0.1345			0.1105		0.1112	
总一致性	0.8020			0.8660		0.8495	

（3）不管是何种制度逻辑下，组织冗余和战略变革—持续性同步影响高绩效，即高组织冗余和高战略变革—持续性、低组织冗余和低战略变革—持续性的组合最有可能引致高绩效。这与传统回归统计总结出的组织冗余容易带来战略变革和组织冗余负向影响企业绩效的结论相悖。

2. 非高绩效组合条件检验

除对 2016 年三种制度逻辑下的高绩效组合解进行检验外，为验证因果非对称性，对三种制度逻辑下导致家族企业非高绩效（~ROA）的组合解进行检验，构建 2016 年家族企业非高绩效组合检验模型（见表 6.30）。

表 6.30　2016 年家族企业非高绩效（~ROA）组合检验模型

制度逻辑	组合检验模型	
政府逻辑（Gov）	~ROA = f（Gov, SP, SC, CEO, Slack）	Model 2 - 1
市场逻辑（Mar）	~ROA = f（Mar, SP, SC, CEO, Slack）	Model 2 - 2
家族逻辑（Fam）	~ROA = f（Fam, SP, SC, CEO, Slack）	Model 2 - 3

为节省篇幅将运算步骤省略，具体结果如表 6.31 所示。经分析可得出以下结论：

（1）在强政府逻辑下，非开放自主的 CEO、低战略变革—持续性、低战略变革—趋同性和较高水平的组织冗余，导致非高绩效。

（2）在弱市场逻辑下，开放自主的 CEO、低战略变革—持续性、低战略变革—趋同性导致非高绩效；开放自主的 CEO、高战略变革—趋同性和高水平的组织冗余导致非高绩效。

（3）在强家族逻辑下，开放自主的 CEO、低战略变革—持续性、高战略变革—趋同性和高水平的组织冗余导致非高绩效。

总体来看，高水平的组织冗余容易带来非高绩效，缺少强政府逻辑驱动的低战略变革—持续性易导致非高绩效，说明导致高绩效和导致非高绩效的组合解不是对称的，当然，引致高绩效和导致低绩效的组合解也不是对称的，需单独检验分析。

表 6.31　2016 年家族企业非高绩效（~ROA）组合解

	政府逻辑	市场逻辑		家族逻辑
	解 1	解 2a	解 2b	解 3
Gov	●			
Mar		⊗	⊗	
Fam				●
SP	⊗	⊗		⊗
SC	⊗	⊗	●	●
CEO	⊗	●	●	●
Slack	●		●	●
解的一致性	0.8272	0.8150	0.8429	0.8033
原始覆盖度	0.0640	0.1982	0.1622	0.1301
唯一覆盖度	0.0640	0.1234	0.0874	0.1301
总覆盖度	0.0640	0.2856		0.1301
总一致性	0.8272	0.8157		0.8033

六、稳健性检验

（一）fsQCA 的稳健性检验方法

不少研究者批评 fsQCA 方法的研究结果极具敏感性和随机性。例如，Krogslund 等（2015）使用"摇摇欲坠"一词来形容。批评意见有两个阵营：模型设定威胁和参数设定威胁。

模型设定威胁是指 fsQCA 方法的研究中包含条件的差异会带来不同的结果；参数设定威胁是指 fsQCA 方法的分析过程中的校准点、一致性阈值和频数阈值的选择差异对结果产生的影响。事实上有很多学者已经针对上述威胁提出了相应的稳健性检验方法。例如，通过调整校准阈值、改变案例频数和变动一致性分数值来应对参数威胁（黄嫚丽等，2019；张明等，2019）；通过增加与结果相关的其他条件（Bell et al.，2014）、整合 QCA 方法和计量经济学方法（Fiss，2013）以应对模型设定的威胁。除这些结合论特定的稳健性检验方法外，有研究者也借鉴其他研究方法中常用的统计论特定的稳健性检验方法。例如，跨越不同时段、改变数据来源和采用不同的测量方式等。本书认为，以集合论为基础的 QCA 研究结果，应该优先选择结合论特定的方法进行稳健性检验。

fsQCA 方法是以集合论为基础，本书认为 Schneider 等（2013）提出的两个方法判定 QCA 结果稳健性的维度是合理的。一是拟合参数差异，如果不同的稳健性检验方法导致一致性和覆盖度的差异不足以保证有意义且不同的实质性解释，那么结果就可以认为是稳健的；反之，则认为结果不稳健。二是集合关系状态，如果不同的稳健性检验方法导致的组态（解）之间具有清晰的子集关系，则可以认为结果非常稳健。

（二）企业绩效组合解的稳健性检验

本小节分别检验 2014 年和 2015 年三种制度逻辑、战略变革、CEO 特征和组织冗余影响家族企业高绩效的组合解，以期对 2016 年的高绩效组合解进行稳健性检验。

1. 2015 年政府逻辑、市场逻辑、家族逻辑情境与战略变革、CEO 特征、组织冗余对企业绩效的组合条件检验

（1）必要条件检验。

经分析，必要条件检验的一致性均未超过或等于 0.9，所以 2015 年没有任何单独条件是引致家族企业高绩效的必要条件，仍需重点研究引致结果发生的

充分条件组合。为节省篇幅，必要条件检验的具体结果不再赘述。

（2）充分条件检验。

对 2015 年的数据进行校准和真值表运算后，得出引致家族企业高绩效的 3 个组合解（见表 6.32）。

表 6.32 2015 年家族企业高绩效（ROA）组合解

前因条件	解 1	解 2	解 3		
			解 3a	解 3b	解 3c
Gov	⊗				
Mar		●			
Fam			●	●	⊗
SP	⊗	⊗	⊗	⊗	●
SC	⊗			●	⊗
CEO	⊗	⊗	⊗		⊗
Slack	⊗	⊗	⊗	⊗	⊗
解的一致性	0.8154	0.8024	0.8081	0.8036	0.8167
原始覆盖度	0.0540	0.0770	0.0775	0.1364	0.0654
唯一覆盖度	0.0540	0.0770	0.0189	0.0801	0.0427
总覆盖度	0.0540	0.0770	0.2004		
总一致性	0.8154	0.8024	0.8005		

根据分析得出如下结论：

第一，在弱政府逻辑下，保守且非自主的 CEO 引领的低战略变革—持续性、低战略变革—趋同性和低组织冗余，给家族企业带来高绩效。

第二，在强市场逻辑下，保守且非自主的 CEO 引领的低战略变革—持续性和低组织冗余，引致高绩效。

第三，在强家族逻辑下，低组织冗余和低战略变革—持续性，高战略变革—趋同性和非开放自主的 CEO 条件可以相互替代，均可带来高的企业绩效；在弱家族逻辑下，保守且非自主的 CEO 引领高战略变革—持续性、低战略变革—趋同性与低水平的组织冗余能够带来高绩效。

总体来看，低水平的组织冗余和非开放自主的 CEO 特征对高绩效的出现起正向作用，并不是持续的战略变革总能带来高绩效，需要结合较强的市场逻辑和家族逻辑的情境条件做出综合判断。

2. 2014 年政府逻辑、市场逻辑、家族逻辑情境、战略变革、CEO 特征、组织冗余对企业绩效的组合条件检验

（1）必要条件检验。

必要条件检验的一致性结果均未超过或等于0.9，所以2014年没有任何单独条件是引致家族企业高绩效的必要条件，仍需重点研究引致结果发生的充分条件组合。为节省篇幅，必要条件检验的具体结果不再赘述。

（2）充分条件检验。

对2014年的数据进行运算后，得出引致家族企业高绩效的3个解（见表6.33）。根据对组合解的分析，得到如下结论：

第一，在弱政府逻辑下，保守且非自主的 CEO 引领的高战略变革—持续性、低战略变革—趋同性和高水平组织冗余，给家族企业带来高绩效；低战略变革—持续性、高战略变革—趋同性和低水平组织冗余同样能给家族企业带来高绩效。

第二，在强市场逻辑下，保守且非自主的 CEO 引领的低战略变革—持续性、高战略变革—趋同性和低水平组织冗余，带来高绩效；高战略变革—持续性、低战略变革—趋同性与高水平组织冗余，带来高绩效。

第三，在弱家族逻辑下，保守且非自主的 CEO 引领高战略变革—持续性、低战略变革—趋同性与高的组织冗余能够带来高绩效。

总体来看，高战略变革的持续性与高水平组织冗余同步影响高绩效，高战略变革—趋同性与低水平组织冗余同步影响高绩效，此时的政府逻辑和市场逻辑对高绩效的作用不显著。

表6.33　2014 年家族企业高绩效（ROA）组合解

前因条件	解 1		解 2		解 3
	解 1a	解 1b	解 2a	解 2b	
Gov	⊗	⊗			
Mar			●	•	
Fam					⊗
SP	•	⊗	⊗	•	•
SC	⊗	•	●	⊗	⊗
CEO	⊗	⊗	⊗	⊗	⊗

前因条件	解 1		解 2		解 3
	解 1a	解 1b	解 2a	解 2b	
Slack	●	⊗	⊗	●	●
解的一致性	0.8867	0.8361	0.8144	0.8158	0.8333
原始覆盖度	0.0602	0.0576	0.0483	0.0551	0.0570
唯一覆盖度	0.0358	0.0332	0.0241	0.0309	0.0570
总覆盖度	0.0934		0.0792		0.0570
总一致性	0.8461		0.8065		0.8333

3. 小结

对强政府逻辑情境下引致家族企业高绩效组合解的稳健性检验，由表6.34 可以看出，2015 年的解 2 是 2016 年解 1b 的子集，2014 年的解 3b 是 2016 年解 1b 的子集，由此说明 2016 年的组合解（解 1b）具有稳健性。

表 6.34　政府逻辑情境下引致家族企业高绩效组合解的稳健性检验

前因条件	2016 年			2015 年	2014 年	
	解 1a	解 1b	解 1c	解 2	解 3a	解 3b
Gov	●	⊗		⊗	⊗	⊗
SP	●	⊗	⊗	⊗	●	⊗
SC	⊗		●	⊗	⊗	●
CEO	⊗	⊗	⊗	⊗	⊗	⊗
Slack		⊗	⊗	⊗	●	⊗
解的一致性	0.8250	0.8115	0.8260	0.8154	0.8867	0.8361
原始覆盖度	0.0810	0.0567	0.0757	0.0540	0.0602	0.0576
唯一覆盖度	0.0496	0.0081	0.0222	0.0540	0.0358	0.0332
总覆盖度	0.1345			0.0540	0.0934	
总一致性	0.8020			0.8154	0.8461	

对强市场逻辑情境下引致家族企业高绩效组合解的稳健性检验，由表6.35可以看出，2015 年解 2 与 2016 年解 1b 具有交集（$Mar^* \sim SP^* \sim CEO$），唯一区别是解 1b 的战略变革的趋同性（SC）与解 2 的组织冗余

（Slack）是互补关系，2014 年解 3a 是 2016 年解 1b 的子集，由此可以说明 2016 年的组合解（解 1b）具有稳健性。

表 6.35　市场逻辑情境下引致家族企业高绩效组合解的稳健性检验

前因条件	2016 年		2015 年	2014 年	
	解 1a	解 1b	解 2	解 3a	解 3b
Mar	⊗	•	•	●	•
SP	●	⊗	⊗	⊗	•
SC	⊗	●		●	⊗
CEO	⊗	⊗	⊗	⊗	⊗
Slack	•		⊗	⊗	●
解的一致性	0.8101	0.8788	0.8024	0.8144	0.8158
原始覆盖度	0.0480	0.0848	0.0770	0.0483	0.0551
唯一覆盖度	0.0257	0.0625	0.0770	0.0241	0.0309
总覆盖度	0.1105		0.0770	0.0792	
总一致性	0.8660		0.8024	0.8065	

对强家族逻辑情境下引致家族企业高绩效组合解的稳健性检验，由表 6.36 可以看出，2015 年的解 2a 与解 1a，解 2c 与解 1b 具有高度一致性，2014 年的解 3 与 2016 年的解 1b 同样具有高度一致性，唯一区别在于核心条件与边缘条件，由此说明 2016 年的组合解（解 1a 和解 1b）具有稳健性。

表 6.36　家族逻辑情境下引致家族企业高绩效组合解的稳健性检验

前因条件	2016 年		2015 年			2014 年
	解 1a	解 1b	解 2a	解 2b	解 2c	解 3
Fam	•	⊗	●	●	⊗	⊗
SP	⊗	•	⊗	⊗	•	•
SC		⊗		•	⊗	⊗
CEO	⊗	⊗	⊗		⊗	⊗
Slack	⊗	•	⊗	⊗	⊗	●
解的一致性	0.8462	0.8399	0.8081	0.8036	0.8167	0.8333
原始覆盖度	0.0689	0.0648	0.0775	0.1364	0.0654	0.0570

前因条件	2016 年		2015 年			2014 年
	解 1a	解 1b	解 2a	解 2b	解 2c	解 3
唯一覆盖度	0.0465	0.0424	0.0189	0.0801	0.0427	0.0570
总覆盖度	0.1112		0.2004			0.0570
总一致性	0.8495		0.8005			0.8333

第四节　研究结果与讨论

一、研究结果

对上述的结果继续根据布尔运算最小化，挖掘不同时期集合解的并集关系[①]，并根据不同的制度逻辑对组合解进行总结。

（一）政府逻辑下高绩效组合解

根据分析得知，政府逻辑下高绩效组合解由原来 2014 ～ 2016 年三年的 6 个组合解合并为 3 个（见表 6.37），为保持连贯，故解的标注不变（下同）。

解 1a：强政府逻辑 * 高战略变革—持续性 * 低战略变革—趋同性[②]。

解 1c：低战略变革—持续性 * 高战略变革—趋同性 * 低水平组织冗余。

解 3a：弱政府逻辑 * 高战略变革—持续性 * 低战略变革—趋同性 * 高水平组织冗余。

表 6.37　政府逻辑下高绩效组合解

	解 1a	解 1c	解 3a
Gov	●		⊗
SP	●	⊗	●
SC	⊗	●	⊗

---

① 此处采用并集关系而非子集关系，考虑并集的解在实现高绩效时的路径条件较为宽松，符合管理实践要求的同时能够提供更具操作性的决策建议。

② * 代表逻辑关系 "AND"，余同。

	解1a	解1c	解3a
CEO	⊗	⊗	⊗
Slack		⊗	●
解的一致性	0.8250	0.8260	0.8867
原始覆盖度	0.0810	0.0757	0.0602
唯一覆盖度	0.0496	0.0222	0.0358

（二）市场逻辑下高绩效组合解

根据分析得知，市场逻辑下高绩效组合解由原来 2014～2016 年三年的 5 个组合解合并为 3 个（见表 6.38）。

表 6.38　市场逻辑下高绩效组合解

	解1a	解1b	解2
Mar	⊗	●	●
SP	●	⊗	⊗
SC	⊗	●	
CEO	⊗	⊗	⊗
Slack	●		⊗
解的一致性	0.8101	0.8788	0.8024
原始覆盖度	0.0480	0.0848	0.0770
唯一覆盖度	0.0257	0.0625	0.0770

解 1a：弱市场逻辑 * 高战略变革—持续性 * 低战略变革—趋同性 * 高水平组织冗余。

解 1b：强市场逻辑 * 低战略变革—持续性 * 高战略变革—趋同性。

解 2：强市场逻辑 * 低战略变革—持续性 * 低水平组织冗余。

（三）家族逻辑下高绩效组合解

根据分析得知，家族逻辑下高绩效的组合解由原来 2014～2016 年三年的 6 个组合解合并为 3 个（见表 6.39）。

解 1a：强家族逻辑 * 低战略变革—持续性 * CEO 低开放自主 * 低水平组织冗余。

解 1b：弱家族逻辑 ∗ 高战略变革—持续性 ∗ 低战略变革—趋同性 ∗ CEO 低开放自主 ∗ 高水平组织冗余。

解 2b：强家族逻辑 ∗ 低战略变革—持续性 ∗ 高战略变革—趋同性 ∗ 低水平组织冗余。

表 6.39　家族逻辑下高绩效组合解

	解 1a	解 1b	解 2b
Fam	●	⊗	⬤
SP	⊗	●	⊗
SC		⊗	●
CEO	⊗	⊗	
Slack	⊗	●	⊗
解的一致性	0.8462	0.8399	0.8036
原始覆盖度	0.0689	0.0648	0.1364
唯一覆盖度	0.0465	0.0424	0.0801

（四）非高绩效组合解

因检验 2016 年的非高绩效组合解，故将解表述如下：

解 1：强政府逻辑 ∗ 低战略变革—持续性 ∗ 低战略变革—趋同性 ∗ CEO 低开放自主 ∗ 高水平组织冗余。

解 2a：弱市场逻辑 ∗ 低战略变革—持续性 ∗ 低战略变革—趋同性 ∗ CEO 低开放自主。

解 2b：弱市场逻辑 ∗ 高战略变革—趋同性 ∗ CEO 高开放自主 ∗ 高水平组织冗余。

解 3：强家族逻辑 ∗ 低战略变革—持续性 ∗ 高战略变革—趋同性 ∗ CEO 高开放自主 ∗ 高水平组织冗余。

二、结果讨论

模糊集定性比较分析（fsQCA）方法的优势在于检验前因条件对结果条件的组合效应，经过分析，将结果讨论如下：

（一）高绩效组合解讨论

1. 政府逻辑下高绩效组合解的讨论

（1）解 1a：强政府逻辑＊高战略变革—持续性＊低战略变革—趋同性①。

在强政府逻辑下，高战略持续性与低战略趋同性相匹配能够为家族企业带来高绩效。强政府逻辑代表政府干预程度较强，在政策制定和市场资源配置上有较强的话语权，此时家族企业只有保持战略稳定和行业平均水平相异的战略响应才能取得较高绩效；从政府角度来看，正式制度带给企业的稳定性和安全感非常重要，政府颁布政策的连续性会通过战略变革的连续性影响家族企业绩效，因此应尽量避免政策"朝令夕改"的情况出现；强政府逻辑下的战略变革的低趋同性能够引致高绩效，说明政府对家族企业的合法性压力对绩效产生了制约，只有简政放权，深化"放管服"改革，才能真正减轻家族企业的合法性压力。然而，在回归分析中政府逻辑与战略变革—持续性显著负相关，但在低战略变革趋同性的匹配下，政府逻辑与高战略变革持续性能够带来高绩效，因此应该对影响绩效的多因素进行组合效应的考量。

（2）解 3a：弱政府逻辑＊高战略变革—持续性＊低战略变革—趋同性＊高水平组织冗余。

弱政府逻辑下，高战略持续性、低战略趋同性的组合能够为家族企业带来高绩效，这与前一个组合解并不矛盾，因为必须同时有高水平的组织冗余相匹配。两个组合解对比说明弱政府逻辑和高水平组织冗余的组合相当于强政府逻辑，此时弱政府逻辑代表政府的干预程度较弱，要素市场发育程度较好，市场上的资源靠自由竞争来获得，此时家族企业应保持战略惯性，保持企业的核心竞争力，并保障有充足的冗余资源作为低于风险的缓冲，以便积蓄力量，在恰当的时机实行战略调整。

（3）解 1c：低战略变革—持续性＊高战略变革—趋同性＊低水平组织冗余。

不受制度压力的制约，在遵从合法性的前提下开展战略变革行为能够给家族企业带来高绩效，并且保持较低水平的组织冗余资源，对资本市场释放全力生产发展的信号，防止因组织冗余资源过多而导致投资者对家族企业合法性的质疑，因此应保持较高的合法性的同时致力于企业发展。

总之，政府逻辑与战略变革—持续性同步影响家族企业高绩效，战略变

---

① 在该组合解的表达式中，＊代表逻辑条件"且"，下同。

革—持续性与组织冗余同步影响家族企业高绩效，也就是说，政府逻辑较强的地区，家族企业应保持较高的组织冗余水平，并且保持战略变革的持续性，慎重对待战略变革行为，此时较高的战略持续性对引致高绩效更为有利。

2. 市场逻辑下高绩效组合解的讨论

（1）解 1a：弱市场逻辑 * 高战略变革—持续性 * 低战略变革—趋同性 * 高水平组织冗余。

弱市场逻辑下，高战略持续性和低战略趋同性、高水平组织冗余的匹配能够给家族企业带来高绩效。要素市场发育程度低，资源受政府控制，此时应保持战略惯性，保障企业核心竞争力。通过市场逻辑的解 1a 和政府逻辑的解 3a 比较后说明，家族企业具有较高的组织冗余水平也不完全是劣势，如果与稳定的战略和战略变革的低趋同性（如跨界创新等行动）组合会引致家族企业的高绩效。

（2）解 1b：强市场逻辑 * 低战略变革—持续性 * 高战略变革—趋同性。

强市场逻辑下，战略变革低持续性和战略变革高趋同性匹配引致高绩效，说明市场逻辑主导下符合市场逻辑合法性的前提下发起战略变革以适应环境，提高企业市场地位，从而引致高绩效。

（3）解 2：强市场逻辑 * 低战略变革—持续性 * 低水平组织冗余。

强市场逻辑下，与低战略持续和低组织冗余水平相匹配能够给家族企业带来高绩效。与解 1b 相比，说明高战略变革趋同性和低水平组织冗余可以相互替代。因为从家族企业向资本市场释放的信号角度来看，低水平的组织冗余就是家族企业向合法性靠拢的主要体现，投资者不会因为担心家族财富传承等原因而把资源控制在家族企业内部，影响企业发展。

总之，市场逻辑与战略变革的持续性反向影响家族企业绩效，与战略变革的趋同性同向影响家族企业绩效。也就是说，在市场逻辑较强的区域，家族企业为应对较强的市场规制和规范，以高战略趋同性来维持合法性，并且为了应对激烈竞争的动态环境，应持续进行战略变革。

3. 家族逻辑下高绩效组合解的讨论

（1）解 1a：强家族逻辑 * 低战略变革—持续性 * CEO 低开放自主 * 低水平组织冗余。

强家族逻辑下，低战略持续性、CEO 低开放自主和低水平组织冗余匹配能够给家族企业带来较高绩效。说明家族控股权越大，越需要家族企业的治理结构避免"两职合一"，而且应尽量控制组织冗余水平，将企业资源投入创新活动中，随着环境变化发起战略变革。主要是家族企业释放出顺应变化积极变革的信号，为资本市场带来信心，从而带来较高绩效。

（2）解1b：弱家族逻辑＊高战略变革—持续性＊低战略变革—趋同性＊CEO低开放自主＊高水平组织冗余。

弱家族逻辑、高战略持续、低战略趋同、高水平组织冗余相匹配的情况下，能够给家族企业带来较高绩效。说明家族控制权较低的情况下，企业应保持稳定的发展战略，尽量避免两职合一的治理结构出现，并保证有充分的资源来低于外部风险，此时的组织冗余资源已经不能够对企业带来合法性的质疑，释放了合法性的压力。

（3）解2b：强家族逻辑＊低战略变革—持续性＊高战略变革—趋同性＊低水平组织冗余。

强家族逻辑下，低战略持续和高战略趋同与低水平的组织冗余相匹配能够给家族企业带来较高绩效。原因在于，家族控股权越大，越要求组织保持在随时发起战略变革的状态，营造全力发展的预期。与解1a对比来看，高战略趋同和CEO低开放自主可以互相替代，原因不管是CEO的低开放自主代表家族企业治理结构的"两职分离"，还是高战略趋同，均是家族企业提高合法性的表现，均能达到稳定投资者情绪，提升企业发展预期的效果。

总之，家族逻辑和战略变革趋同性同向影响企业绩效，与战略变革持续性反向影响企业绩效，而且强家族逻辑下，必须保持较高的合法性才能提高投资者信心，进而提高企业绩效。

综上所述，CEO的低开放自主是引致高绩效的必要条件，家族企业的治理结构中应考虑引入外部人（Outsider）参与管理以缓解合法性带来的压力。政府逻辑与战略变革—持续性同向影响绩效；市场逻辑与战略变革—趋同性同向影响企业绩效，与战略变革—持续性反向影响企业绩效；家族逻辑与战略变革—趋同性同向影响企业绩效，与战略变革—持续性反向影响企业绩效，也就是说，市场逻辑与家族逻辑在影响企业绩效的方向相同。

（二）非高绩效组合解的讨论

（1）解1：强政府逻辑＊低战略变革—持续性＊低战略变革—趋同性＊CEO低开放自主＊高水平组织冗余。

强政府逻辑下，保持低战略趋同性意味着家族企业的合法性降低，而且高水平的组织冗余可能抑制企业战略变革，从而不能带来高绩效。

（2）解2a：弱市场逻辑＊低战略变革—持续性＊低战略变革—趋同性＊

CEO 低开放自主。

较弱的市场逻辑下持续的战略变革和降低企业的合法性均不能给家族企业带来高绩效。

（3）解 2b：弱市场逻辑 * 高战略变革—趋同性 * CEO 高开放自主 * 高水平组织冗余。

弱市场逻辑情境下带来非高绩效说明组织冗余抑制战略变革，应注意控制组织冗余水平，避免低绩效的发生。

（4）解 3：强家族逻辑 * 低战略变革—持续性 * 高战略变革—趋同性 * CEO 高开放自主 * 高水平组织冗余。

强家族逻辑下，CEO 的开放自主代表"两职合一"，此治理结构将降低家族企业的合法性，同时，高水平组织冗余的匹配增加了家族企业 CEO 的自由裁量权，在此情况下过度地追求战略变革不能带来高绩效。

总之，高水平的组织冗余非常容易导致非高绩效，所以家族企业应将组织冗余控制在合理水平之上。

本章小结

本章主题为应用 faQCA 方法对制度逻辑、战略变革、CEO 特征和组织冗余对企业绩效的组合效应进行检验。第一节分别从 fsQCA 方法的核心特征、fsQCA 方法的优势和应用步骤三个方面介绍研究方法；第二节设计研究模型；第三节展开研究过程，分别从 fsQCA 方法的案例收集、变量选择、测量及校准、集合运算、组合解和稳健性检验等步骤展开；第四节为研究结果与讨论。

第七章　研究结论与展望

第一节　研究结论

在转型经济背景下，家族企业面临多元制度逻辑，如何转型升级以取得高绩效发展的问题亟待解决，现有文献和理论均未给出明确答案，故本书根据制度理论、战略变革理论和高阶理论，构建了多元制度逻辑与企业绩效之间关系的概念模型，并提出战略变革行为在制度逻辑和企业绩效关系中起到中介作用，同时提出 CEO 特征和组织冗余在制度逻辑影响战略变革的过程中起到调节作用。除检验多元回归的线性相关关系外，依据构型理论，从整体论视角将影响企业绩效的因素进行组合效应检验，探讨引致高绩效的组合路径。因此，本书选取上市家族制造业企业 2013 ~ 2018 年的数据，采用多元线性回归的方法探讨不同变量之间的因果关系，检验战略变革—持续性和战略变革—趋同性的中介效应以及 CEO 开放性、CEO 自主权、CEO 持股量、组织冗余的调节效应；同时采用模糊集定性比较分析的方法检验各变量的组合效应，并得出相应的结论。

一、不同的制度逻辑产生不同的企业绩效

（一）政府逻辑与企业绩效

以关系契约为基础的政府逻辑与企业绩效负相关，政府逻辑越弱的场域企业绩效越好。多元线性回归的相关关系检验中，弱政府逻辑是通过战略变革—持续性影响企业绩效的，政府逻辑越弱，战略持续性越高，企业绩效越好。同时，弱政府逻辑与战略变革—趋同性不存在显著相关关系。结合模糊集定性比较分析法的结论，在组合效应检验中，弱政府逻辑确实与高战略变革—持续性同时发生能够带来高绩效，但同时需要低战略变革—趋同性和高水平的组织冗

余相匹配，后者两个条件均代表企业具有较低的合法性，即该情况下保持战略稳定是较好的选择。但与传统研究结论不同的是，强政府逻辑未必不能给企业带来高绩效，如果存在高战略变革—持续性和低战略变革—趋同性的匹配也能够获得高绩效，也就是说，家族企业在政府干预较多、要素市场发育不完全的场域下，被动地释放合法性压力并保持战略稳定是较好的选择。非高绩效组合解的检验结果也证明了该结论，即强政府逻辑和较低的合法性（低战略变革—趋同性＊高组织冗余）情况下发起的战略变革不能给企业带来高绩效，说明政府应当简政放权，将制度约束变为制度激励，缓解家族企业的合法性压力。

总之，政府逻辑与战略变革—持续性同步影响家族企业绩效，战略变革—持续性与组织冗余同步影响家族企业高绩效，也就是说，政府逻辑较强的场域，家族企业应保持较高的组织冗余水平，慎重对待战略变革行为，并且保持战略变革的持续性更为有利。

（二）市场逻辑与企业绩效

以市场契约为基础的市场逻辑与企业绩效正相关，市场逻辑越强的场域，家族企业绩效越高。但在对企业绩效的作用机制上，两种研究方法会得出不同的结果。多元线性回归分析的相关关系检验中，市场逻辑是通过战略变革的持续性来影响企业绩效的，市场逻辑越强，战略变革—持续性越强，企业绩效越好。同时，市场逻辑和战略变革的趋同性就不存在显著的相关关系。但是，在考虑非线性相关关系的组合效应检验中，强市场逻辑和低战略变革—持续性、高战略变革—趋同性相匹配能够引致高绩效。这两个结论并不冲突，在于单因素的线性相关关系并不能很好地揭示复杂的因果关系，高战略—趋同性的匹配意味着高合法性的约束，也就是说，企业在取得合法性的前提下，受到较强市场逻辑驱动时，适当的战略变革才能给企业带来高绩效；在较弱的市场逻辑场域内，如果不考虑合法性的制约而保持战略的持续性，高水平组织冗余的匹配能够获得较高绩效，此时保持战略稳定是较好的选择。同时在强市场逻辑驱动下，家族企业保持合法性的途径中高战略变革—趋同性和低水平组织冗余可以相互替代，均能够缓解资本市场带给企业的合法性压力，以保证企业的战略变革带来高水平绩效。在检验非高绩效的组合效应时，并没有强市场逻辑条件的出现，因此可以断定，市场逻辑对企业绩效具有良好的促进作用，完善的市场经济体制和公平竞争的环境对家族企业的发展至关重要，家族企业注重提高市场上的竞争地位和建立良好发展的预期尤其重要。

总之，市场逻辑与战略变革—持续性反向影响家族企业绩效，与战略变革—趋同性同向影响家族企业绩效。也就是说，在市场逻辑较强的场域，家族企业为应对较强的市场规制和规范，以高战略趋同性来维持合法性，并且为了应对激烈竞争的动态环境，应持续进行战略变革。

（三）家族逻辑与企业绩效

以情感契约为基础的家族逻辑与企业绩效正相关，家族逻辑越强的企业绩效越高，战略变革—持续性是家族逻辑作用于企业绩效的中介。此时多元线性回归的方法与模糊集定性比较分析的方法的结果出现不同，即引致高绩效的组合效应下，强家族逻辑需要和低战略变革—持续性相匹配，但需要低水平组织冗余和高战略变革—趋同性或 CEO 低开放自主的条件同时存在，低水平组织冗余是从社会情感财富框架的角度来提高合法性，CEO 低开放自主是从家族企业公司治理的角度来提高合法性，与高战略变革—趋同性具有同种效应，所以该组合路径解释为，在强家族逻辑的驱动下，一定高度遵从合法性的前提下发起战略变革行为，才能获得高绩效。而且，并不是依照线性相关的结果得出弱家族逻辑就一定不能获得高绩效的结论，而是弱家族逻辑在高水平组织冗余和低战略变革—趋同性导致较低合法性的情况下，保持战略的持续性，稳定的发展战略能够给外界带来良好发展的预期，增加投资者对家族企业的信心，在资本市场上取得好的绩效结果。但如果在强家族逻辑驱动下，高战略变革—趋同性、CEO 高自主性和高水平的组织冗余均在一定程度上损害了家族企业的合法性，所以，此时发起的战略变革行为反倒不能给企业带来高绩效，导致不良后果。

总之，家族逻辑和战略变革—趋同性同向影响企业绩效，与战略变革—持续性反向影响企业绩效，在强家族逻辑下，必须保持较高的合法性才能提高投资者信心，稳步推进战略变革行为，进而提高企业绩效。

二、不同的战略变革行为带来不同的企业绩效

家族企业战略变革的间隔时间和变革方向影响着企业的不同绩效，虽然回归结果得出战略变革的延续性与企业绩效是正相关关系，战略趋同与企业绩效没有显著相关关系，但为了保证理论分析的完整性和实践的有效性，不能将割裂制度逻辑、战略变革行为去探讨对企业绩效的影响。因此经过组合效应检验，本书得出，不管在什么制度逻辑的影响下，战略变革—持续性和战略变革—趋同性的反向存在能够引致高绩效，即高战略变革—持续性一定搭配低战

略变革—趋同性；反之亦然。而且，研究发现要想获得高绩效，低战略持续性和高战略趋同性一般与高市场逻辑或高家族逻辑匹配，高战略持续性和低战略趋同性一般与强政府逻辑匹配。进一步说明，战略变革只有在符合合法性的前提下，发生在要素市场发育较好的地区或者有较强的家族逻辑驱动，才能给家族企业带来高绩效，否则，保持战略稳定是更好的选择。

三、CEO 特征的作用

根据高阶理论，CEO 特征在家族企业的战略变革中起到重要作用。回归分析研究发现，CEO 开放性会削弱政府逻辑对战略变革—持续性的负向影响，削弱市场逻辑对战略变革—趋同性的正向影响；CEO 持股量在制度逻辑对战略变革—趋同性影响调节作用不显著；CEO 自主权仅在家族逻辑对战略变革—趋同性之间起正向调节作用，说明家族企业为应对"两职合一"所导致的合法性质疑而选择战略趋同行为。组合效应中，将 CEO 的三个特征转变为一个宏观变量来表征 CEO 的开放自主性，研究发现，在强政府逻辑或强市场逻辑，CEO 均表现为低开放自主才能引致高绩效，在弱家族逻辑中，CEO 低开放自主与低战略变革—趋同性，三者同向影响高绩效，部分验证了回归分析的结果，并对其做出补充。总之，家族企业的公司治理结构中，CEO 应保持适当的开放性和自主性，避免两职合一损害合法性的情况出现，并且对 CEO 的股权激励应视具体情况而定，在降低代理成本的同时提高企业绩效。

四、组织冗余的作用

根据资源基础观，组织的资源能够对企业的战略和绩效产生影响。在回归分析中，组织冗余正向调节了三种制度逻辑与战略变革—持续性之间的关系，验证组织冗余会在一定程度上抑制家族企业变革。组织冗余负向调节市场逻辑对战略变革—趋同性的正相关性，正向调节家族逻辑对战略变革—趋同性的正相关性，在组合效应检验中，高水平的组织冗余非常容易导致非高绩效的发生，所以应将组织冗余控制在合理水平，视其他因素条件而定。

第二节 研究创新点

本书聚焦中国转型经济背景下多元制度逻辑、战略变革与企业绩效之间的关系，创新点如下：

第一，深化制度逻辑理论的相关问题。本书将中国转型经济背景下家族企业面临的多元制度逻辑划分为政府逻辑、市场逻辑和家族逻辑，并分别探讨多元逻辑与战略变革和企业绩效的关系，得出制度逻辑影响企业绩效的传导机制，丰富了制度逻辑理论且符合家族企业面临的现实情境，实现理论创新。

第二，将制度逻辑理论引入家族企业战略研究领域，探寻了家族逻辑对于企业变革的作用，为全面理解家族企业战略变革行为的驱动因素和分析其对企业绩效的作用提供了新的理论视角。

第三，在中国上市公司的情境下，本书摒弃以往学者对家族企业的"二分法"，将家族逻辑强弱作为区分各个家族企业的标准，对家族企业异质性行为的来源进行了新的解构，为理解家族企业异质性行为的产生和对绩效的影响进行了有益的探索，丰富了家族企业的异质性研究成果。对构型理论进行创新性应用，采用模糊集定性比较分析方法，将影响企业绩效的制度因素、组织因素和个体因素进行构型组合，并检验不同构型组合对企业绩效的影响。

第四，创新性混合方法研究，即将回归分析和模糊集定性比较分析的方法融合，检验变量间相互关系的同时再对变量的组合效应进行检验，完善分析过程，提高了理论的描述力、预测力和解释力。

第五，模糊集定性比较分析方法的稳健性检验，创新性使用连续三年的数据对影响家族企业高绩效组合解的子集关系进行检验，保证组合解在时序上的稳健性，弥补了模糊集定性比较分析方法的缺陷。

第三节 研究的实践启示

基于本书的结论、创新点及贡献，研究结果对转型经济背景下的政府制度安排以及家族企业的战略变革有一定的启示。

第一，政府应进一步简政放权，建立健全促进民营经济发展的法律法规，逐步减轻家族企业对于自身"合法性"地位的担心，为家族企业的转型升级和价值创造提供公平的竞争环境。本书发现，强政府逻辑下，战略变革—趋同性低的组合才能导致高绩效发生，所以为了降低家族企业"合法性"的制度压力，政府应当尽量减少对市场的干预，逐步放权，增加民营企业家的心里安全感和对未来发展的信心。此外，政府在出台鼓励家族企业战略转型的政策时，应保持政策的连续性。这样才能使家族企业积累资源优势，实现稳定增长。本书表明，强政府逻辑下的高战略变革—持续性的组合能够引致家族企业的高绩效，所以保持战略变革的持续性，保持家族企业战略决策的长期稳定才能更好地促进家族企业稳定增长。

第二，家族企业应加强战略柔性，识别场域内的多元制度逻辑，根据主要制度逻辑的要求确定战略变革的方向和程度。根据研究结果，在较强的市场逻辑或家族逻辑下，以合法性为前提的战略变革行为才是带来高绩效的必要途径。构建合法性可以从两个方面入手：一是建立现代企业治理结构，引入外部优秀的职业经理人加入，形成金融资本、人力资本和网络资源的良性循环；二是控制组织冗余的水平，防止因冗余资源过多抑制战略变革的开展，同时因财富传承导致外界对家族企业的合法性质疑，最终导致较低的绩效水平。

第三，加强对家族企业主企业家精神的保护和激发，促进其对于战略变革的开放和包容的心态，在强市场逻辑下，CEO 的开放性对多元复杂的制度逻辑持包容的心态，越具有开放性特征的 CEO，越能够缓解多元制度逻辑间的冲突，保持企业稳定发展的同时促进战略变革的开展，所以对家族企业主的开放性精神的保护和激发尤为重要。

第四节　研究不足与展望

通过总结和反思，本书有以下不足之处：

首先，研究选取的样本数量有限。仅将家族上市制造业企业作为研究对象，在未来的研究中可以将样本扩展到家族企业所在的各类一级行业；本书采用的是 2013～2018 年上市家族制造业企业的二手数据，未来研究应进一步扩大数据的时间跨度，增强结果的外部效度。

其次，对制度逻辑的测量应更加完善。本书中市场逻辑借鉴王小鲁、樊纲、余静文《中国分省份市场化指数报告》中"要素市场发育程度"的数据来衡量，政府逻辑借鉴王小鲁、樊纲、余静文《中国分省份市场化指数报告》中"政府与市场关系"的数据来衡量，未来的研究对于市场逻辑和政府逻辑寻求更加逼近真实的测量，例如可考虑以家族企业为调研对象，采用量表形式对政府逻辑和市场逻辑进行个性化的测量；家族逻辑的测量采用家族成员中所有实际控制人拥有的上市公司控制权比例，此外，家族传承、家族人数、家族管理代数等都会对家族逻辑产生重大影响，对于未来的研究将从更多的维度来衡量家族逻辑。

最后，本书就"结构—行为—绩效"范式对制度逻辑、战略变革和企业绩效的单向影响进行深入研究，未探讨企业的战略变革行为对制度逻辑演化的能动性影响，更加深入全面的关系模型将在以后进一步研究。

根据已有的研究，未来在家族企业制度逻辑、战略变革和企业绩效的研究领域，有兴趣的学者可以从以下四个方面继续拓展：

一是探讨组织层面的多元制度逻辑对组织变革和企业绩效的影响。本书中的政府逻辑、市场逻辑和家族逻辑均为社会层面的制度逻辑，未来可将家族企业视为融合多元制度逻辑的混合性组织，制度逻辑理论认为，制度逻辑可分为社会、场域、组织（Thornton，2012）和个体（Wricks，2001）四种层次，所以可以探讨场域、组织或个体的同一层次下制度逻辑对家族企业战略行为和绩效的影响，又或者将家族企业中更加典型的混合性组织作为多元制度逻辑的载体，如小额贷款企业等。

二是从战略柔性视角来理解战略变革的程度问题。如今的 VUCA 时代，家族企业时刻面临挥发性、不确定性、复杂性、模糊性的外部环境，想要在此环境下生存发展，构建企业的战略柔性是不二选择，传统研究认为，战略柔性是战略惰性的对立面，战略惰性就是战略变革—持续性，而笔者认为，战略柔性与战略变革—持续性是战略变革的一体两面，战略变革—持续性甚至可以理解为战略柔性中的企业与环境相适配的一种能力和状态，所以可从新的视角展开研究。

三是未来可从多维度的战略响应行为来探讨对企业绩效的影响，本书仅从战略变革持续性和趋同性两个方面展开，而面对多元制度逻辑共存的情况，企业会有多种战略响应行为，如情境导向战略中的模糊战略、即兴战略，结构导向战略中的区隔战略、解耦战略和混合战略等，通过问卷和访谈调研，彻底打开制度逻辑和战略响应影响企业绩效的"黑箱"。

四是未来可从制度逻辑演化促进家族企业的战略演化的机制方面深入探讨，制度逻辑理论认为制度逻辑具有历史权变性，通过制度逻辑和组织之间的能动交互，促进制度逻辑和组织战略的共同演化，为家族企业迅速实现战略升级提供借鉴。

参考文献

［1］Alford R. R. , Friedland R. Powers of theory: Capitalism, the state, and democracy ［M］. London: Cambridge University Press, 1985.

［2］Ahmadsimab A. , Chowdhury I. Managing tensions and divergent institutional logics in Firm – NPO partnerships ［J］. Journal of Business Ethics, 2021, 168 (3): 651 – 670.

［3］Amenta E. , Poulsen J. D. , Where to begin: A survey of five approaches to selecting independent variables for Qualitative Comparative Analysis ［J］. Sociological Methods and Research, 1994, 23 (1): 22 – 53.

［4］Anderson R. C. , Reeb D. M. Founding – family ownership and firm performance: Evidence from the S&P 500 ［J］. The Journal of Finance, 2003, 58 (3): 1301 – 1328.

［5］Antonicic B. , Hisrich R. D. , Entrapreneurship: Construct refinement and cross – cultural validation ［J］. Journal of Business Venturing, 2001, 16 (5): 495 – 527.

［6］Bakker R. M. , Camber B. , Korlaar L. , et al. Managing the project learning paradox: A set – theoretic approach toward project knowledge transfer ［J］. International Journal of Project Management, 2011, 29 (5): 494 – 503.

［7］Barney J. B. Firm resources and sustained competitive advantage ［J］. Journal of Management, 1991, 17 (1): 99 – 120.

［8］Becker G. S. Altruism in the family and selfishness in the market place ［J］. Economics, 1981, 48 (189): 1 – 15.

［9］Becker G. S. Family economics and macro behavior ［J］. American Economic Review, 1988, 78 (1): 1 – 13.

［10］Bell R. G. , Filatotchev I. , Aguilera R. V. Corporate governance and investors' perceptions of foreign IPO value: An institutional perspective ［J］. Academy of Management Journal, 2014, 57 (1): 301 – 320.

[11] Berg – Schlosser D. , DE Meur G. Comparative research design: Case and variable selection [M] //Rihoux B. , Ragin C. C. , Configurational analysis (QCA) and related techniques. Thousand Oaks: Sage, 2009: 19 – 32.

[12] Berrone P. , Cruz C. , Gomez – Mejia L. R. Socioemotional wealth in family firms: Theoretical dimensions, assessment approaches, and agenda for future research [J] . Family Business Review, 2012, 25 (3): 258 – 279.

[13] Berrone P. , et al. Socioemotional wealth and corporate responses to institution pressures: Do family – controlled firms pollute less? [J] . Administrative Science Quarterly, 2010, 55 (1): 82 – 113.

[14] Bhappu A. D. The Japanese family: An institutional logic for Japanese corporate networks and Japanese management [J] . Academy of Management Review, 2000, 25 (2): 409 – 415.

[15] Bird B. , Welsch H. , Astrachan J. H. , et al. Family business research: The evolution of an academic field [J] . Family Business Review, 2002, 15 (4): 337 – 350.

[16] Bloom N. , Van Reenen J. Measuring and explaining management practices across firms and countries [J] . The Quarterly Journal of Economics, 2006, 122 (4): 1351 – 1408.

[17] Brady H. E. , Collier D. Rethinking social inquiry: Diverse tools shared standards [M] . Lanham, MD: Rowman and Littlefield, 2004.

[18] Carpenter M. A. The price of change: The role of CEO compensation in strategic variation and deviation from industry strategy norms [J] . Journal of Management, 2000, 26 (6): 1179 – 1198.

[19] Certo S. , Hodge F. Top management team prestige and organizational legitimacy: An examination of investor perceptions [J] . Journal of Management Issues, 2007, 19 (4): 461 – 477.

[20] Chamberlin E. H. The theory of monopolistic competition [M]. Cambridge, MA: Harvard University Press, 1933.

[21] Child J. Organization structure and strategies of control: A replication of the Aston study [J] . Administrative Science Quarterly, 1972: 163 – 177.

[22] Chrisman J. J. , Chua J. H. , Sharma P. Trends and directions in the development of a strategic management theory of the family firm [J] . Entrepreneurship Theory and Practice, 2005, 29 (5): 555 – 575.

[23] Chrisman J. J. , Patel P. C. Variations in R&D investments of family and non - family firms: Behavioral agency and myopic loss aversion perspectives [J]. Academy of Management Journal, 2012, 55 (4): 976 - 997.

[24] Chrisman J. J. , et al. Family involvement, family influence, and family - centered non - economic goals in small firms [J]. Entrepreneurship Theory and Practice, 2012, 36 (2): 267 - 293.

[25] Chrisman J. J. , et al. The influence of family goals, governance, and resources on firm outcomes [J]. Entrepreneurship Theory and Practice, 2013, 37 (6): 1249 - 1261.

[26] Chua J. H. , Chrisman J. J. , Steier L. P. , et al. Sources of heterogeneity in family firms: An introduction [J]. Entrepreneurship Theory & Practice, 2012, 36 (6): 1103 - 1113.

[27] Chua J. H. , Chrisman J. J. , Sharma P. Defining the family business by behavior [J]. Entrepreneurship Theory and Practice, 1999, 23 (4): 19 - 39.

[28] Claessens S. , Djankov S. , Lang L. H. The separation of ownership and control in East Asian corporations [J]. Journal of Financial Economics, 2000, 58 (1): 81 - 112.

[29] Cohen B. D. , Dean T. J. Information asymmetry and investor valuation of IPOs: Top management team legitimacy as a capital market signal [J]. Strategic Management Journal, 2005, 26 (7): 683 - 690.

[30] Cohen M. R. , Nagel E. An introduction to logic and scientific method [M]. New York: Harcourt Brace, 1934.

[31] Cohen P. , West S. G. , Aiken L. S. Applied multiple regression/correlation analysis for the behavioral sciences [M]. New York: Psychology Press, 2014.

[32] Crilly D. , Zollo M. , Hansen M. T. Faking it or muddling through? Understanding decoupling in response to stakeholder pressures [J]. Academy of Management Journal, 2012, 55 (6): 1429 - 1448.

[33] Crossland C. , et al. CEO career variety: Effects on firm - level strategic and social novelty [J]. Academy of Management Journal, 2014, 57 (3): 652 - 674.

[34] Cummings M. , Ottley G. , Brewster R. Developing and executing a strategy while confronting stakeholder interests: A case study [C]. Proceedings of the 7th European Conference on Management Leadership and Governance, 2011: 71 - 79.

[35] Cuvier G. Recherche sur les ossements fossiles des qusdrupedes [M].

Paris: Flammarion, 1812.

[36] Cyert R. M. , March J. G. A behavioral theory of the firm: Englewood Cliffs [M] . NJ: Prentice – Hall, 1963.

[37] Datta D. K. , Rajagopalan N. , Zhang Y. New CEO openness to change and strategic persistence: The moderating role of industry characteristics [J] . British Journal of Management, 2003, 14 (2): 101 – 114.

[38] Davis J. A. , Tagiuri R. The influence of life stage on father – son work relationships in family companies [J] . Family Business Review, 1989, 2 (1): 47 – 74.

[39] DE Meur G. , Berg – Schlosser D. Conditions of authoritarianism, fascism and democracy in inter – war Europe: Systematic matching and constructing of cases for "small N" analysis [J] . Comparative Political Studies, 1996, 29 (4): 423 – 468.

[40] Deephouse D. L. Does isomorphism legitimate? [J] . Academy of Management Journal, 1996, 39 (4): 1024 – 1039.

[41] Deephouse D. L. To be different, or to be the same? It's a question (and theory) of strategic balance [J] . Strategic Management Journal, 1999, 20 (2): 147 – 166.

[42] Deephouse D. L. , Carter S M. An examination of differences between organizational legitimacy and organizational reputation [J] . Journal of Management Studies, 2005, 42 (2): 329 – 360.

[43] Deephouse D. L. , Suchman M. Legitimacy in organizational institutionalism [M] . Los Angeles, London: Sage Publications, 2008.

[44] Demsetz H. Industry structure, market rivalry, and public policy [J] . Journal of Law and Economics, 1973, 16 (1): 1 – 9.

[45] Dess G. G. , Robinson Jr R. B. Measuring organizational performance in the absence of objective measures: The case of the privately – held firm and conglomerate business unit [J] . Strategic Management Journal, 1984, 5 (3): 265 – 273.

[46] DiMaggio P. , Institutional patterns and organizations: culture and environment [M] . Ballinger Pub. Co. 1988: 3 – 22.

[47] DiMaggio P. J. , Powell W. W. The iron cage revisited: Institutional isomorphism and collective rationality in organizational fields [J] . American Sociological Review, 1983, 48 (2): 147 – 160.

[48] DiMaggio P. J. , Powell W. W. Introduction. The new institutionalism in

organizational analysis [M]. Chicago: University of Chicago Press, 1991: 1 – 38.

[49] Dobbin F., Dowd T. J. How policy shapes competition: Early railroad foundings in Massachusetts [J]. Administrative Science Quarterly, 1997 (42): 501 – 529.

[50] Dun M. B., Jones C. Institutional logics and institutional pluralism: The contestation of care and science logics in medical education, 1967 – 2005 [J]. Administrative Science Quarterly, 2010, 55 (1): 114 – 149.

[51] Fairclough S., Micelotta E. R. Beyond the family firm: Reasserting the influence of the family institutional logic across organizations [M] //Institutional Logics in Action, Part B. Emerald Group Publishing Limited, 2013: 63 – 98.

[52] Finkelstein S. Power in top management teams: Dimensions, measurement, and validation [J]. Academy of Management Journal, 1992 (35): 505 – 538.

[53] Finkelstein S., Hambrick D. C. Top management team tenure and organizational outcomes: The moderating role of managerial discretion [J]. Administrative Science Quarterly, 1990, 35 (3): 484 – 503.

[54] Firth M., Fung P. M. Y., Rui O. M. Firm performance, governance structure, and top management turnover in a transitional economy [J]. Journal of Management Studies, 2006 (43): 1289 – 1330.

[55] Fisk S. T., Taylor S. E. Social cognition (2nd) [M]. NY: Mc Graw – Hill, 1991.

[56] Fiss P. C. A set – theoretic approach to organizational configurations [J]. Academy of Management Review, 2007, 32 (4): 1180 – 1198.

[57] Fiss P. C. Institutions and corporate governance [DB/OL]. http: //dx. doi. org/10. 2139/ssrn. 1003303, 2007 – 07 – 25.

[58] Fiss P. C. Building better causal theories: A fuzzy set approach to typologies in organization research [J]. Academy of Management Journal, 2011, 54 (2): 393 – 420.

[59] Fiss P. C., Sharapov D., Cronqvist L. Opposites Attract? Opportunities and challenges for integrating large – N QCA and Econometric analysis [J]. Political Research Quarterly, 2013, 66 (1): 191 – 198.

[60] Fiss P. C., Zajac E. J. The symbolic management of strategic change: Sensegiving via framing and decoupling [J]. Academy of Management Journal, 2006, 49 (6): 1173 – 1193.

[61] Fligstein N. The spread of the multidivisional form among large firms: 1919 – 1979 [J] . American Sociological Review, 1985 (50): 377 – 391.

[62] Friedland R. , Alford R. R. Bringing society back in: Symbols, practices, and institutional contradictions. In W. W. Powell & P. DiMaggio (Eds.), The new institutionalism in organizational analysis [M] . University of Chicago Press. 1991: 232 – 266.

[63] Gans D. , Silverstein M. Norms of filial responsibility for aging parents across time and generation [J] . Journal of Marriage and Family, 2006, 68 (4): 961 – 976.

[64] Gary M. S. , Wood R. E. , Pillinger T. Enhancing mental models, analogical transfer, and performance in strategic decision making [J] . Strategic Management Journal, 2012, 33 (11): 1229 – 1246.

[65] Geletkanycz M. A. , Hambrick D. C. The external ties of top executives: Implications for strategic choice and performance [J] . Administrative Science Quarterly, 1997, 42 (4): 654 – 681.

[66] Ghemawat P. Commitment: The Dynamic of Strategy [M] . Free Press, Maxwell Macmillan Canada, Maxwell Macmillan International, 1991.

[67] Ginsberg A. , Abrahamson E. Champions of change and strategic shifts: The role of internal and extern change advocates [J] . Journal of Management Studies, 1991, 28 (2): 173 – 190.

[68] Ginsberg A. Measuring and modelling changes in strategy: Theoretical foundations and empirical directions [J] . Strategic Management Journal, 1988, 9 (6): 559 – 575.

[69] Gittell J. H. Coordinating mechanisms in care provider groups: Relational coordination as a mediator and input uncertainty as a moderator of performance effects [J] . Management Science, 2002, 48 (11): 1408 – 1426.

[70] Golden B. R. , Zajac E. J. When will boards influence strategy? Inclination × power = strategic change [J] . Strategic Management Journal, 2001, 22 (12): 1087 – 1111.

[71] Gomez – Mejia L. R. , Makri M. , Kintana M. L. Diversification decisions in family – controlled firms [J] . Journal of Management Studies, 2010, 47 (2): 223 – 252.

[72] Gomez – Mejia L. R. , et al. Socioemotional wealth as a mixed gamble:

Revisiting family firm R&D investments with the behavioral agency model [J]. Entrepreneurship Theory and Practice, 2014, 38 (6): 1351 – 1374.

[73] Gómez – Mejía L. R. , Haynes K. T. , Núñez – Nickel M. , et al. Socioemotional wealth and business risks in family – controlled firms: Evidence from Spanish olive oil mills [J] . Administrative Science Quarterly, 2007, 52 (1): 106 – 137.

[74] Gomez – Mejia L. R. , Cruz C. , Berrone P. , et al. The bind that ties: Socioemotional wealth preservation in family firms [J] . Academy of Management Annals, 2011, 5 (1): 653 – 707.

[75] Grant R. M. The resource – based theory of competitive advantage: Implications for strategy formulation [J] . California Management Review, 1991, 33 (3): 114 – 135.

[76] Greckhamer T. Cross – cultural differences in compensation level and inequality across occupations: A set – theoretic analysis [J] . Organization Studies, 2011, 32 (1): 85 – 115.

[77] Greckhamer T. , Furnari S. , Fiss P. C. , et al. Studying configurations with qualitative comparative analysis: Best practices in strategy and organization research [J] . Strategic Organization, 2018, 16 (4): 482 – 495.

[78] Greckhamer T. , Misangyi V. F. , Elms H. , et al. Using qualitative comparative analysis in strategic management research: An examination of combinations of industry, corporate, and business – unit effects [J] . Organizational Research Methods, 2008, 11 (2): 695 – 726.

[79] Greckhamer T. , Misangyi V. F. , Fiss P. C. Chapter 3 The Two QCAs: From a small – N to a Large – N set theoretic approach [M] // Fiss P. C. , Cambre B. , Marx A. Configurational theory and methods in organizational research. Bingley: Emerald Group Publishing Limited, 2013: 49 – 75.

[80] Greenwood R. , Raynard M. , Kodeih F. , Micelotta E. R. , Lounsbury M. Institutional complexity and organizational responses [J] . Academy of Management Annals, 2011 (5): 317 – 371.

[81] Greenwood R. , Díaz A. M. , Li S. X. , et al. The multiplicity of institutional logics and the heterogeneity of organizational responses [J] . Organization Science, 2010, 21 (2): 521 – 539.

[82] Habbershon T. G. , Williams M. , MacMillan I. C. A unified systems perspective of family firm performance [J] . Journal of Business Venturing, 2003, 18

(4): 451 – 465.

[83] Hambrick D. C. Upper echelons theory: An update [J]. Academy of Management Review, 2007, 32 (2): 334 – 343.

[84] Hambrick D. C., Finkelstein S. Managerial discretion: A bridge between polar views of organizational outcomes [J]. In L. L. Cummings and B. M. Staw (eds.), Research in Organizational Behavior, 1987 (9): 369 – 406.

[85] Hambrick D. C., Geletkanycz M. A., Fredrickson J. W. Top Management commitment to the status quo: Some tests of its determinants [J]. Strategic Management Journal, 1993 (14): 40 – 418.

[86] Hambrick D. C., Mason P. A. Upper echelons: The organization as a reflection of its top managers [J]. Academy of Management Review, 1984, 9 (2): 193 – 206.

[87] Hannan M. T., Freeman J. The population ecology of organizations [J]. American Journal of Sociology, 1977, 82 (5): 929 – 964.

[88] Harrington B., Strike V. M. Between kinship and commerce: Fiduciaries and the institutional logics of family firms [J]. Family Business Review, 2018, 31 (4): 417 – 440.

[89] Hayek F. A. V. The road to serfdom [M]. London: Routledge Press, 1944.

[90] Helfat C. E., Finkelstein S., Mitchell W., et al. Dynamic capabilities: Foundations. In C. E. Helfat, S. Finkelstein, W. Mitchell, M. Peteraf, H. Singh, D. Teece, & S. G. Winter (Eds.), Dynamic capabilities: Understanding strategic change in organizations [M]. London: Blackwell Publishing Ltd. 2007: 1 – 18.

[91] Herrmann P., Nadkami S. Managing strategic change: The duality of CEO personality [J]. Strategic Management Journal, 2014, 35 (9): 1318 – 1342.

[92] Heugens P. P., Lander M. W. Structure! Agency! (and other quarrels): A meta – analysis of institutional theories of organization [J]. Academy of Management Journal, 2009, 52 (1): 61 – 85.

[93] Higgins M. C., Gulati R. Stacking the deck: The effects of top management backgrounds on investor decisions [J]. Strategic Management Journal, 2006, 27 (1): 1 – 25.

[94] Hillman A. J., Dalziel T. Boards of directors and firm performance: Integrating agency and resource dependence perspectives [J]. Academy of Manage-

ment Review, 2003 (28): 383 – 396.

[95] Hillman A. J. , Cannella A. A. , Paetzold R. L. The resource dependence role of corporate directors: Strategic adaptation of board composition in response to environmental change [J] . Journal of Management Studies, 2000 (37): 235 – 255.

[96] Hofer C. W. ROVA: A new measure for assessing organizational performance [J] . Advances in Strategic Management, 1983 (2): 43 – 55.

[97] Hume D. An enquiry concerning human understanding [M] . Chicago: Open Court Publishing Co. , 1998.

[98] Ireland R. D. , Hitt M. A. , Sirmon D. G. A model of strategic entrepreneurship: The construct and its dimensions [J] . Journal of Management, 2003, 29 (6): 963 – 989.

[99] Jackson G. , Ni N. Chapter 6 Understanding Complementarities as Organizational Configurations: Using Set Theoretical Methods [M] //Configurational theory and methods in organizational research. Emerald Group Publishing Limited, 2013: 129 – 158.

[100] Janjuha – Jivraj S. , Spence L. J. The nature of reciprocity in family firm succession [J] . Internal Small Business Journal, 2009, 27 (6): 702 – 719.

[101] Jaskiewicz P. , Heinrichs K. , Rau S. B. , et al. To be or not to be: How family firms manage family and commercial logics in succession [J]. Entrepreneurship Theory and Practice, 2016, 40 (4): 781 – 813.

[102] Jensen M. C. , Murphy K. J. Performance pay and top – management incentives [J] . Journal of Political Economy, 1998, 98 (2): 225 – 264.

[103] Jones C. , Boxenbaum E. , Anthony C. The immateriality of material practices in institutional logics [J] . Research in the Sociology of Organizations, 2013, 39 (A): 51 – 75.

[104] Kaldor N. The equilibrium of the firm [J] . The Economic Journal, 1934, 44 (173): 60 – 76.

[105] Kan A. K. S, Adegbite E. , El Omari S. , et al. On the use of qualitative comparative analysis in management [J] . Journal of Business Research, 2016, 69 (4): 1458 – 1463.

[106] Kaplan R. S. , Norton D. P. The balanced scorecard – translating strategy into action [M] . Boston: Harvard Business School Press, 1996.

[107] Karaevli A. , Zajac E. J. When do outsider CEOs generate strategic

change? The enabling role of corporate stability [J]. Journal of Management Studies, 2013, 50 (7): 1267 – 1294.

[108] Katz D., Kahn R. L. The social psychology of organizations (2d ed.) [M]. New York: Wiley, 1978.

[109] Kaufman M., Covaleski M. A. Budget formality and informality as a tool for organizing and governance amidst divergent institutional logics [J]. Accounting, Organizations and Society, 2019 (75): 40 – 58.

[110] Keil M., Depledge G., Rai A. Escalation: The role of problem recognition and cognitive bias [J]. Decision Sciences, 2007, 38 (3): 391 – 421.

[111] Kellermanns F. W., Eddleston K. A. Feuding families: When conflict does a family firm good [J]. Entrepreneurship Theory and Practice, 2004, 28 (3): 209 – 228.

[112] Keynes J. M. The general theory of employment, interest, and money [M]. London: Palgrave Macmillan, 1936.

[113] Kim E., Mc Intosh J. C. Strategic organizational responses to environmental chaos [J]. Journal of Managerial Issues, 1999, 11 (3): 344 – 362.

[114] Kogut B., MacDuffie J. P., Ragin C. Prototypes and strategy: Assigning causal credit using fuzzy sets [J]. European Management Review, 2004, 1 (2): 114 – 131.

[115] Kostova T., Zaheer S. Organizational legitimacy under conditions of complexity: The case of the multinational enterprise [J]. Academy of Management Review, 1999, 24 (1): 64 – 81.

[116] Kotlar J., De Massis A. Goal setting in family firms: Goal diversity, social interactions, and collective commitment to family – centered goals [J]. Entrepreneurship Theory and Practice, 2013, 37 (6): 1263 – 1288.

[117] Kraatz M. S., Zajac E. J. How organizational resources affect strategic change and performance in turbulent environments: Theory and evidence [J]. Organization Science, 2001, 12 (5): 632 – 657.

[118] Krogslund C., Choi D. D., Poertner M. Fuzzy sets on shaky ground: Parameter sensitivity and confirmation bias in fsQCA [J]. Political Analysis, 2015, 23 (1): 21 – 41.

[119] Lacey R., Fiss P. C. Comparative organizational analysis across multiple levels: A set – theoretic approach [J]. Research in the Sociology of Organizations,

2009, 26 (2): 91 –116.

［120］ Lamberg J. A. , Tikkanen H. , Nokelainen T. , et al. Competitive dy-namics, strategic consistency, and organizational survival ［J］. Strategic Manage-ment Journal, 2009, 30 (1): 45 –60.

［121］ La Porta R. , Lopez – de – Silanes F. , Shleifer A. Corporate ownership around the world ［J］. Journal of Finance, 1999, 54 (2): 471 –517.

［122］ Lederan O. C. , Curseu P. L. , Vermeulen P. A. M. , et al. Cognitive representations of institutional change similarities and dissimilarities in the cognitive schema of entrepreneurs ［J］. Journal of Organizational Change Management, 2011, 24 (1): 9 –28.

［123］ Li J. , Tang Y. I. CEO hubris and firm risk taking in China: The moder-ating role of managerial discretion ［J］. Academy of Management Journal, 2010, 53 (1): 45 –68.

［124］ Li H. , Zhang Y. The role of managers' political networking and func-tional experience in new venture performance: Evidence from China's transition econ-omy ［J］. Strategic Management Journal, 2007, 28 (8): 791 –804.

［125］ Linnaeus C. , Species plantarum ［M］. Stockholm: Impensis Laurentii Salvii, 1753.

［126］ Litz R. A. The family business: Toward definitional clarity ［J］. Family Business Review, 1995, 8 (2): 71 –81.

［127］ Lu Y. , Hu S. D. , Liang Q. , et al. Exit, voice and loyalty as firm strate-gic responses to institutional pressures: A comparative case study of Google and Baidu in mainland China ［J］. Chinese Management Studies, 2013, 7 (3): 419 –446.

［128］ Lieberman M. B. , Asaba S. Why do firms imitate each other? ［J］. A-cademy of Management Review, 2006, 31 (2): 366 –385.

［129］ Lumpkin G. T. , Dess G. G. Clarifying the entrepreneurial orientation construct and linking it to performance ［J］. Academy of Management Review, 1996, 21 (1): 135 –172.

［130］ Marx A. , Dusa A. Crisp – set qualitative comparative analysis (csQ-CA): Contradictions and consistency benchmarks for model specification ［J］. Methodological Innovations Online, 2011, 6 (2): 103 –148.

［131］ Marx A. Towards more robust model specification in QCA results from a methodological experiment ［R］. COMPASS Working Paper, 2006.

[132] Medzihorsky J. , Oana I. E. , Quaranta M. , et al. SetMethods: functions for set – theoretic multi – method research and advanced QCA [DB/OL] . https: // CRAN. R – project. org/package = SetMethods. 2020 – 08 – 07.

[133] Melin L. , Nordqvist M. The reflexive dynamics of institutionalization: The case of the family business [J] . Strategic Organization, 2007, 5 (3): 321 –333.

[134] Miles R. , Snow C. Organizational Strategy, Structure and Process [M]. New York: Mc Graw Hill, 1978.

[135] Miller D. Challenging trends in configuration research: Where are the configurations? [J] . Strategic Organization, 2018, 16 (4): 453 –469.

[136] Miller K. D. , Chen W. R. Variable organizational risk preferences: Tests of the March – Shapira model [J] . Academy of Management Journal, 2004, 47 (1): 105 –115.

[137] Miller D. Configurations revisited [J] . Strategic Management Journal, 1996, 17 (7): 505 –512.

[138] Miller D. The genesis of configuration [J] . Academy of Management Review, 1987 (12): 686 –701.

[139] Miller D. , Breton – Miller I. L. , Lester R. H. Family firm governance, strategic conformity, and performance: Institutional vs. strategic perspectives [J]. Organization Science, 2013, 24 (1): 189 –209.

[140] Miller D. , Breton Miller L. , Scholnick B. Stewardship vs. stagnation: An empirical comparison of small family and non – family businesses [J] . Journal of Management Studies, 2008, 45 (1): 51 –78.

[141] Miller D. , Chen M. Nonconformity in competitive repertoires: A sociological view of markets [J] . Social Forces, 1996, 74 (4): 1209 –1234.

[142] Miller D. , Friesen P. Organizations: A quantum view [M]. Englewood Cliffs, NJ: Prentice Hall, 1984.

[143] Miller D. , Le Breton – Miller I. , Lester R. H. Family and lone founder ownership and strategic behaviour: Social context, identity, and institutional logics [J] . Journal of Management Studies, 2011, 48 (1): 1 –25.

[144] Miller D. , Le Breton – Miller I. , Lester R. H. Family ownership and acquisition behavior in publicly – traded companies [J] . Strategic Management Journal, 2010, 31 (2): 201 –223.

[145] Miller D. , Shamsie J. The resource – based view of the firm in two envi-

ronments: The Hollywood film studios from 1936 to 1965 [J]. Academy of Management Journal, 1996, 39 (3): 519 – 543.

[146] Miller D., Le Breton – Miller I., Lester R. H., et al. Are family firms really superior performers? [J]. Journal of Corporate Finance, 2007, 13 (5): 829 – 858.

[147] Miller T., Del Carmen Triana M. Demographic diversity in boardroom: Mediators of the board diversity firm performance relationship [J]. Journal of Management Studies, 2009, 46 (5): 755 – 786.

[148] Mintzberg H. Patterns in strategy formation [J]. Management Science, 1978, 24 (9): 934 – 948.

[149] Mintzberg H. The structure of organizations: A synthesis of the research [M]. Prentice – Hall, 1979.

[150] Mintzberg H. The design school: Reconsidering the basic premises of strategic management [J]. Strategic Management Journal, 1990, 11 (3): 171 – 195.

[151] Misangyi V. F., Elms H., Greckhamer T., et al. A new perspective on a fundamental debate: A multilevel approach to industry, corporate, and business – unit effects [J]. Strategic Management Journal, 2006, 27 (6): 571 – 590.

[152] Misangyi V. F., Greckhamer T., Furnari S., et al. Embracing causal complexity: The emergence of a neo – configurational perspective [J]. Journal of Management, 2017, 43 (1): 255 – 282.

[153] Mitchell R. K., et al. Toward a theory of stakeholder salience in family firms [J]. Business Ethics Quarterly, 2011, 21 (2): 235 – 255.

[154] Morck R., Shleifer A., Vishny R. W. Management ownership and market valuation: An empirical analysis [J]. Journal of Financial Economics, 1988, 20 (C): 293 – 315.

[155] Morgan N. A., Vorhies D. W., Mason C. H. Market orientation, marketing capabilities, and firm performance [J]. Strategic Management Journal, 2009, 30 (8): 909 – 920.

[156] Moses J., Rihoux B., Kittel B. Mapping political methodology: Reflections on a European perspective [J]. European Political Science, 2005, 4 (1): 55 – 68.

[157] Nadkarni S., Barr P. S. Environmental context, managerial cognition, and strategic action: An integrated view [J]. Strategic Management Journal, 2008, 29 (13): 1395 – 1427.

［158］Nadkarni S. , Herrmann P. O. L. CEO personality, strategic flexibility, and firm performance: The case of the Indian business process outsourcing industry ［J］. Academy of Management Journal, 2010, 53 (5): 1050 – 1073.

［159］Nahmias – Wolinsky Y. Models, numbers, and cases: Methods for studying international relations ［M］. Ann Arbor: University of Michigan Press, 2004.

［160］Nohria N. , Gulati R. Is slack good or bad for innovation? ［J］. Academy of Management Journal, 1996, 39 (5): 1245 – 1264.

［161］Nordqvist M. Familiness in top management teams: Commentary on Ensley and Pearson's An exploratory comparison of the behavioral dynamics of top management teams in family and nonfamily new ventures: Cohesion, conflict, potency, and consensus ［J］. Entrepreneurship Theory and Practice, 2005, 29 (3): 285 – 291.

［162］O' Brien J. P. The capital structure implications of pursuing a strategy of innovation ［J］. Strategic Management Journal, 2003, 24 (3): 415 – 431.

［163］Ocasio W. Institutionalized action and corporate governance: The reliance on rules of CEO succession ［J］. Administrative Science Quarterly, 1999, 44 (2): 384 – 416.

［164］Ocasio W. The enactment of economic adversity: A reconciliation of theories of failure – induced change and threat – rigidity ［J］. Research in Organization Behavior, 1995, 17 (1): 287 – 331.

［165］Ocasio W. Towards an attention – based view of the firm ［J］. Strategic Management Journal, 1997, 18 (S1): 187 – 206.

［166］Oliver C. Strategic responses to institutional process ［J］. Academy of Management Review, 1991, 16 (1): 145 – 179.

［167］Oliver R. L. , Rust R. T. , Varki S. Customer delight: foundations, findings, and managerial insight ［J］. Journal of Retailing, 1997, 73 (3): 311 – 336.

［168］Park S. H. , Luo Y. Guanxi and organizational dynamic: Organizational networking in Chinese firms ［J］. Strategic Management Journal, 2001 (22): 455 – 477.

［169］Peng M. W. Institutional transitions and strategic choices ［J］. Academy of management review, 2003, 28 (2): 275 – 296.

［170］Peng M. W. , Luo Y. Managerial ties and firm performance in a transition economy: The nature of a micro – macro link ［J］. Academy of Management Journal, 2000, 43 (3): 486 – 501.

［171］Peng M. W. , Sun S. L. , Pinkham B. The Institution – based View as a third leg for strategy tripod [J] . Academy of Management Perspectives, 2009, 23 (4): 63 – 81.

[172] Penrose E. T. The theory of the growth of the firm [M] . Cambridge, Ma, 1959.

[173] Poole K. G. Existing knowledge, knowledge creation capability, and the rate of new product introduction in high – technology firms [J] . Academy of Management Journal, 1995, 48 (2): 346 – 357.

[174] Prahalad C. K. , Bettis R. The dominant logic, Strategic [J]. Management Journal, 1986 (7): 485 – 501.

[175] Ragin C. C. Redesigning Social Inquiry: Fuzzy Sets and Beyond [M]. University of Chicago Press, 2008.

[176] Ragin C. C. Fuzzy – set Social Science [M] . Chicago: University of Chicago Press, 2000.

[177] Ragin C. C. The comparative method. Moving beyond qualitative and quantitative strategies [M] . Berkeley, Los Angeles, and London: University of California Press, 1987.

[178] Ragin C. C. Turning the tables: How case – oriented research challenges variable – oriented research [M] . In H. E. Brady & D. Collier (Eds.), Rethinking social inquiry: Diverse tools, shared standards (pp. 123 – 138) . Lanham, MD: Rowman & Littlefield, 2004.

[179] Ragin C. C. Constructing social research. The unity and diversity of method [M] . Newbury Park, CA: Pine Forge Press, 1994.

[180] Reay T. , Jaskiewicz P. , Hinings C. R. How family, business, and community logics shape family firm behavior and "rules of game" in an organizational field [J] . Family Business Review, 2015, 28 (4): 292 – 311.

[181] Reay T. , Hinings C. R. Managing the rivalry of competing institutional logics [J] . Organization Studies, 2009, 30 (6): 629 – 652.

[182] Rihoux B. , Ragin C. C. Configurational comparative methods: Qualitative Comparative Analysis (QCA) and related techniques [M] . Thousand Oaks: Sage, 2009.

[183] Rihoux B. , Lobe B. , The case for QCA: Adding leverage for thick cross – case comparison [M] . In D. Byrne & C. C. Ragin (Eds.), Handbook of case based methods. Thousand Oaks, CA, and London: Sage, 2009.

[184] Schendel D. , Patton G. R. A simultaneous equation model of corporate strategy [J] . Management Science, 1978, 24 (15): 1611 – 1621.

[185] Schneider C. Q. , Wagemann C. Standards guter praxis in qualitative comparative analysis (QCA) und fuzzy – sets [M] //Methoden der vergleichenden Politik – und Sozialwissenschaft. VS Verlag für Sozialwissenschaften, 2009: 387 – 412.

[186] Schneider C. Q. , Wagemann C. , Set – Theoretic methods for the social sciences: A guide to qualitative comparative analysis [M] . Cambridge: Cam bridge University Press, 2012.

[187] Schneider C. Q. , Wagemann C. Doing Justice to logical remainders in QCA: Moving beyond the standard analysis [J] . Political Research Quarterly, 2013, 66 (1): 211 – 220.

[188] Scott W. R. The adolescence of institutional theory [J] . Administrative Science Quarterly, 1987 (32): 493 – 511.

[189] Scott W. R. Institutions and organizations [M] . Thousand Oaks, CA: Sage Publications, 1995.

[190] Scott W. R. Institutional theory: Contributing to a theoretical research program [J] . Great Minds in Management: The Process of Theory Development, 2005 (37): 460 – 484.

[191] Scott S. G. , Lane V. R. A stakeholder approach to organizational identity [J] . Academy of Management Review, 2000, 25 (1): 43 – 62.

[192] Siebels J. F. , zu Knyphausen – Aufseß D. A review of theory in family business research: The implications for corporate governance [J] . International Journal of Management Reviews, 2012, 14 (3): 280 – 304.

[193] Silverstein M. , Bengtson V. L. Intergenerational solidarity and the structure of adult child – parent relationships in American families [J] . American Journal of Sociology, 1997, 103 (2): 429 – 460.

[194] Singh J. V. Performance, slack, and risk taking in organizational decision making [J] . Academy of Management Journal, 1986, 29 (3): 562 – 585.

[195] Snow C. C. , Hambrick D. C. Measuring organizational strategies: Some theoretical and methodological problems [J] . Academy of Management Review, 1980, 5 (4): 527 – 538.

[196] Suarez F. , Lanzolla G. The half – truth of first – mover advantage [J]. Harvard Business Review, 2005 (83): 121 – 127.

[197] Suchman M. C. Managing legitimacy: Strategic and institutional approaches [J] . Academy of Management Review, 1995, 20 (6): 571 – 610.

[198] Suddaby R. Toward a historical consciousness: Following the historic turn in management thought [J] . Management, 2016, 19 (1): 46 – 60.

[199] Sullivan B. N. Competition and beyond: Problems and attention allocation in the organizational rulemaking process [J] . Organization Science, 2010, 21 (2): 432 – 450.

[200] Swartz S. The challenges of multidisciplinary consulting to family – owned businesses [J] . Family Business Review, 1989, 2 (4): 329 – 331.

[201] Tagiuri R. , Davis J. A. On the goals of successful family companies [J]. Family Business Review, 1992, 5 (1): 43 – 62.

[202] Tan J. , Peng M. W. Organizational slack and firm performance during economic transitions: Two studies from an emerging economy [J] . Strategic Management Journal, 2003, 24 (13): 1249 – 1263.

[203] Tan J. , Wang L. MNC strategic responses to ethical pressure: An institutional logic perspective [J] . Journal of Business Ethics, 2011 (98): 373 – 390.

[204] Tang J. , Crossan M. , Rowe W. G. Dominant CEO, deviant strategy, and extreme performance: The moderating role of a powerful board [J] . Journal of Management Studies, 2011, 48 (7): 1479 – 1503.

[205] Teece D. J. , Rumelt R. P. , Schendel D. E. Fundamental issues in strategy: A research agenda [M] . Harvard Business Press, 1994.

[206] Thornton P. H. The rise of the corporation in a craft industry: Conflict and conformity in institutional logics [J] . Academy of Management Journal, 2002, 45 (1): 81 – 101.

[207] Thornton P. H. Markets from culture: Institutional logics and organizational decisions in higher education publishing [M] . Palo Alto: Stanford University Press, 2004.

[208] Thornton P. H. , Ocasio W. Institutional Logics [A] //Greenwood C. , et al. (Eds) . The Sage handbook of organizational institutionalism. London: Sage, 2008: 99 – 129.

[209] Thornton P. H. , Ocasio W. , Lounsbury M. The institutional logics perspective: A new approach to culture, structure, and process [M] . Oxford University Press on Demand, 2012.

[210] Thornton P. H. , Hull C. An investigation of entrepreneurial orientation, perceived environmental hostility, and strategy application among Chinese SEMs [J]. Journal of Small Business Management, 2012, 50 (1): 132 –158.

[211] Thornton P. H. , Ocasio W. Institutional logics and the historical contingency of power in organizations: Executive succession in the higher education publishing industry, 1958 –1990 [J]. American Journal of Sociology, 1999, 105(3) .

[212] Thornton P. H. , Jones C. , Kury K. Institutional logics and institutional change in organizations: Transformation in accounting, architecture, and publishing [M] //Transformation in cultural industries. Emerald Group Publishing Limited, 2005: 125 –170.

[213] Tolbert P. , Zucker L. Institutional sources of change in the formal structure of organizations: The diffusion of civil service reform, 1880 – 1935 [J]. Administrative Science Quarterly, 1983, 28 (2): 22 –39.

[214] Tornikoski E. T. , Newbert S. L. Exploring the determinants of organizational emergence: A legitimacy perspective [J] . Journal of Business Venturing, 2007, 22 (2): 311 –335.

[215] Tucker D. J. , Singh J. V. , et al. Ecological and institutional sources of change in organizational populations. Stockmann R. In Ecological Models of Organizations [M] . European Sociological Review. 1989: 127 –152.

[216] Tushman M. L. , Virany B. , Romanelli E. Executive succession, strategic reorientations, and organization evolution: The minicomputer industry as a case in point [J] . Technology in Society, 1985, 7 (2 –3): 297 –313.

[217] Uhlenbruck K. , Meyer K. E. , Hitt M. A. Organizational transformation in transition economies: Resource – based and organizational learning perspectives [J]. Journal of Management Studies, 2003, 40 (2): 257 –282.

[218] Van de Ven A. H. , Poole M. S. Explaining development and change in organizations [J] . Academy of Management Review, 1995, 20 (3): 510 –540.

[219] Venkatraman N. The concept of fit in strategy research: Toward verbal and statistical correspondence [J] . Academy of Management Review, 1989, 14 (3): 423 –444.

[220] Venkatraman N. , Ramanujam V. Measurement of business performance in strategy research: A comparison of approaches [J] . Academy of Management Review, 1986, 11 (4): 801 –814.

[221] Wanberg C. R. , Banas J. T. Predictors and outcomes of openness to changes in a reorganizing workplace [J] . Journal of Applied Psychology, 2000, 85 (1): 132.

[222] Wei L. Q. , Ling Y. CEO characteristics and corporate entrepreneurship in transition economies: Evidence from China [J] . Journal of Business Research, 2015, 68 (6): 1157 – 1165.

[223] Wiersema M. F. , Bantel K. A. Top management team turnover as an adaptation mechanism: The role of the environment [J] . Strategic Management Journal, 1993, 14 (7): 485 – 504.

[224] Williamson O. E. Markets and hierarchies: Analysis and antitrust implications [M] . New York: Free Press, 1975.

[225] Williamson O. E. The Economic Institutions of Capitalism [M] . New York: Simon and Schuster, 1985.

[226] Wright M. , Filatotchev I. , Hoskisson R. E. , Peng M. W. Strategy research in emerging economies: Challenging the conventional wisdom [J] . Journal of Management Studies, 2005, 42 (1): 1 – 33.

[227] Zajac E. J. , Kraatz M. S. , Bresser R. K. F. Modeling the dynamics of strategic fit: A normative approach to strategic change [J] . Strategic Management Journal, 2000, 21 (4): 429 – 453.

[228] Zajac E. J. , Shortell S. M. Changing generic strategies: Likelihood, direction, and performance implications [J] . Strategic Management Journal, 1989, 10 (5): 413 – 430.

[229] Zellweger T. , Richards M. , Sieger P. , et al. How much am I expected to pay for my parents' firm? An institutional logics perspective on family discounts [J]. Entrepreneurship Theory and Practice, 2016, 40 (5): 1041 – 1069.

[230] Zellweger T. M. , Kellermanns F. W. , Chrisman J. J. , et al. Family control and family firm valuation by family CEOs: The importance of intentions for transgenerational control [J] . Organization Science, 2012, 23 (3): 851 – 868.

[231] Zhang Y. , Rajagopalan N. Once an outsider, always an outsider? CEO origin, strategic change, and firm performance [J] . Strategic Management Journal, 2010, 31 (3): 334 – 346.

[232] Zhang Y. The presence of a separate COO/president and its impact on strategic change and CEO dismissal [J] . Strategic Management Journal, 2006, 27

(3)：283 - 300.

[233] Zhu D. H. , Chen G. CEO narcissism and the impact of prior board experience on corporate strategy ［J］. Administrative Science Quarterly, 2015, 60 (1)：31 - 65.

[234] Zimmerman M. , Zeitz G. Beyond survival：Achieving new venture growth by building legitimacy ［J］. Academy of Management Review, 2002, 27 (3)：414 - 431.

[235] Zucker L. G. Institutional theories of organizations ［J］. Annual Review of Sociology, 1987 (13)：443 - 464.

[236] 曹正汉. 无形的观念如何塑造有形的组织——对组织社会学新制度学派的一个回顾 ［J］. 社会, 2005 (3)：207 - 216.

[237] 代吉林, 张支南. 家族企业成长困境与解决机制探析——基于家族逻辑和企业逻辑视角 ［J］. 外国经济与管理, 2010 (11)：58 - 64.

[238] 杜运周, 贾良定. 组态视角与定性比较分析（QCA）：管理学研究的一条新道路 ［J］. 管理世界, 2017 (6)：155 - 167.

[239] 杜运周, 尤树洋. 制度逻辑与制度多元性研究前沿探析与未来研究展望 ［J］. 外国经济与管理, 2013 (12)：2 - 10.

[240] 杜运周. 市场逻辑与政府主导逻辑冲突还是互补：不良竞争背景下政治网络对互动导向型新企业绩效的权变作用 ［C］. 第八届（2013）中国管理学年会——组织与战略分会场论文集, 2013.

[241] ［美］查尔斯·C. 拉金. 重新设计社会科学研究 ［M］. 杜运周等译. 北京：机械工业出版社, 2019.

[242] 樊纲, 王小鲁, 胡李鹏. 中国分省份市场化指数报告（2018）［M］. 北京：社会科学文献出版社, 2019：3.

[243] 缑倩雯, 蔡宁. 制度复杂性与企业环境战略选择：基于制度逻辑视角的解读 ［J］. 经济社会体制比较, 2015 (1)：125 - 138.

[244] 韩立岩, 李慧. CEO 权力与财务危机——中国上市公司的经验证据 ［J］. 金融研究, 2009 (1)：179 - 193.

[245] 李新春, 韩剑, 李炜文. 传承还是另创领地？——家族企业二代继承的权威合法性建构 ［J］. 管理世界, 2015 (6)：110 - 124.

[246] 连燕玲, 周兵, 贺小刚, 温丹玮. 经营期望、管理自主权与战略变革 ［J］. 经济研究, 2015, 50 (8)：31 - 44.

[247] 连燕玲, 贺小刚, 高皓. 业绩期望差距与企业战略调整——基于

中国上市公司的实证研究［J］．管理世界，2014（11）：119 – 132．

［248］连燕玲，贺小刚．CEO 开放性特征、战略惯性和组织绩效——基于中国上市公司的实证分析［J］．管理科学学报，2015（1）：1 – 19．

［249］林毅夫．关于制度变迁的经济学理论：诱致性制度变迁与强制性制度变迁［M］．上海：上海三联书店，1991．

［250］刘海建，周小虎，龙静．组织结构惯性，战略变革与企业绩效：基于动态演化视角的实证研究［J］．管理评论，2009（11）：92 – 100．

［251］刘娇，王博，宋丽红，张贵英，梁强．家族企业价值观传承与战略变革——基于探索性的案例分析［J］．南方经济，2017（8）：49 – 67．

［252］权小锋，吴世农．CEO 权力强度、信息披露质量与公司绩效［J］．南开管理评论，2010（4）：142 – 153．

［253］乔坤元．制度逻辑对我国商业银行绩效影响：行政 VS 市场［J］．浙江金融，2012（10）：13 – 15．

［254］芮明杰，胡金星，张良森．企业战略转型中组织学习的效用分析［J］．研究与发展管理，2005，17（2）：99 – 104．

［255］尚航标，李卫宁．战略决策团队认知偏好及其变化的社会学解释［J］．外国经济与管理，2015，37（10）：3 – 17 +96．

［256］苏坤．金字塔内部结构、制度环境与公司资本结构［J］．管理科学，2012，25（5）：10 – 21

［257］汪秀琼，吴小节，蓝海林，宋铁波．企业战略管理研究新进展——基于制度经济学和组织社会学制度理论的视角［J］．河北经贸大学学报，2011，32（4）：16 – 21．

［258］王明琳，徐萌娜，王河森．利他行为能够降低代理成本吗？——基于家族企业中亲缘利他行为的实证研究？［J］．经济研究，2014（3）：144 – 157．

［259］吴炳德，王志玮，陈士慧，朱建安，陈凌．目标兼容性、投资视野与家族控制：以研发资金配置为例［J］．管理世界，2017（2）：109 – 119 + 187 – 188．

［260］杨玲丽．区域产业转移中的地方政府行为：效率机制与合法性机制的博弈［J］．科技管理研究，2010，30（17）：83 – 90．

［261］易明，罗瑾琏，王圣慧，钟竞．时间压力会导致员工沉默吗——基于 SEM 与 fsQCA 的研究［J］．南开管理评论，2018，21（1）：203 – 215．

［262］张敏，赵罗平，黄丽．制度环境、分析师预测对公司绩效的影响

研究［J］．财会通讯，2019（12）：63－67.

［263］张明，陈伟宏，蓝海林．中国企业"凭什么"完全并购国外高新技术企业——基于 94 个案例的模糊集定性比较分析（fsQCA）［J］．中国工业经济，2019（4）：117－135.

［264］张远飞，贺小刚，连燕玲．"富则思安"吗？——基于中国民营上市公司的实证分析［J］．管理世界，2013（7）：130－144.

［265］甄红线，张先治，迟国泰．制度环境、终极控制权对公司绩效的影响——基于代理成本的中介效应检验［J］．金融研究，2015（12）：162－177.

［266］周建，王文，刘小元．我国上市公司社会责任与企业绩效的实证研究：基于沪深两市上市公司的经验数据［J］．现代管理科学，2008（11）：3－6.

［267］周雪光，艾云．多重逻辑下的制度变迁：一个分析框架化［J］．中国社会科学，2010（4）：134－135.

［268］周雪光．组织社会学十讲［M］．北京：中国社会科学文献出版社，2003.

［269］朱沆，Kushins Eric，周影辉．社会情感财富抑制了中国家族企业的创新投入吗？［J］．管理世界，2016（3）：99－114.

［270］邹国庆，高向飞，高春婷．组织间关系的作用机制：基于合法性与交易费用的研究视角［J］．软科学，2010（2）：45－50.